I0439514

*Yves Guyot*

# Nouveau
# Christianisme

*essai*

Le code de la propriété intellectuelle du 1er juillet 1992 interdit en effet expressément la photocopie à usage collectif sans autorisation des ayants droit. Or, cette pratique s'est généralisée dans les établissements d'enseignement supérieur, provoquant une baisse brutale des achats de livres et de revues, au point que la possibilité même pour les auteurs de créer des oeuvres nouvelles et de les faire éditer correctement est aujourd'hui menacée. En application de la loi du 11 mars 1957, il est interdit de reproduire intégralement ou partiellement le présent ouvrage, sur quelque support que ce soit, sans autorisation de l'Editeur ou du Centre Français d'Exploitation du Droit de Copie , 20, rue Grands Augustins, 75006 Paris.

ISBN : 978-1533163059

10  9  8  7  6  5  4  3  2  1

*Yves Guyot*

# La Tyrannie Socialiste

*essai*

# Table de Matières

# INTRODUCTION

Qu'est-ce que la liberté du travail ? C'est la substitution du travail volontaire au travail servile ; c'est le droit pour chaque homme d'employer ou de ne pas employer ses forces musculaires ou intellectuelles, à son gré ; c'est sa destinée, celle des siens remise entre ses mains : c'est sa responsabilité et son activité agrandies ; et ne sont-ce pas là les deux grands facteurs du progrès de l'individu ? et qu'est-ce que le progrès social, sinon la somme des progrès individuels ?

Voilà pourquoi, je n'ai pas cessé de combattre les passions et les erreurs des socialistes qui veulent faire du travail un monopole entre les mains de corporations, quelque nom qu'elles prennent ; les prohibitions, les restrictions, la limitation des heures de travail, et l'idéal d'inertie, espèce de Nirvanâ social, qu'ils montrent comme suprême but de l'humanité.

À propos du discours prononcé le 18 avril 1872 au Havre par Gambetta, dans lequel il disait : « Croyez qu'il n'y a pas de remède social, parce qu'il n'y a pas une question sociale, » M. Louis Blanc affirmait qu'il y avait une Question Sociale. Je lui répondis dans deux articles du *Radical*[1] dont je citerai le passage suivant :

Oui, M. Louis Blanc est un utopiste parce qu'il croit que les rapports complexes des choses peuvent être enfermés dans des formules simples. Il applique en science sociale la méthode subjective ; il pose un *a priori* et de là il déduit, sans songer que la première chose à démontrer, c'est la justesse du point de départ.

M. Louis Blanc est prêtre sous ce rapport. Il croit au miracle social, il croit au pontificat politique ; il est de l'école de Rousseau, de cette école de gouvernement qui, à la monarchie de droit divin, substitue une théocratie sociale…

Quand M. Louis Blanc déclare que la République n'est pas un but, mais un moyen, il n'entend pas, comme nous, que la République est un moyen d'agrandir les forces de l'individu en supprimant ses entraves ; il entend, au contraire, s'il a le pouvoir, saisir l'individu, le soumettre à sa volonté, l'enfermer dans son système *a priori* ; et de ce gouvernement, il en fait un moteur universel,

1 25 et 29 avril 1872.

Yves Guyot

absorbant l'individu dans son activité, « un régulateur suprême de la production », producteur, marchand, consommateur, et « pour accomplir sa tâche investi d'une grande force ».

Quant à nous, nous ne rêvons pas « le bonheur du Paraguay » sous la domination des jésuites. Nous croyons en l'homme plus qu'en l'entité sociale qui s'appelle l'État, et nous continuerons, tant que vous ne nous aurez pas montré une nation qui ne soit pas formée d'individus et un bonheur collectif qui soit composé de douleurs individuelles.

Jusque-là nous repoussons votre système, car nous n'admirons pas, comme Rousseau, « les pères des nations qui furent forcés de recourir à l'intervention du ciel, afin que les peuples obéissent avec liberté et portassent docilement le joug de la félicité publique. »

Oh ! certes, il est facile de construire, sans tenir compte des questions complexes qui se présentent, un système et de déclarer que d'après ce système tout est bien.

M. Louis Blanc a vu cependant qu'il n'en était pas tout à fait ainsi. Il avait construit aussi son système vers 1840 ; superbes déclamations, magnifiques peintures de la misère, des maux de la société ; puis, il avait tout réglé : l'État, personnage parfait, providence, bon Dieu, intervenait, montait un atelier et faisait fonctionner les individus comme des marionnettes ; c'était le pays de Cocagne.

En 1848, M. Louis Blanc a été un des membres du gouvernement provisoire. Qu'a-t-il fait et quelle idée neuve a-t-il produit ? Il en est resté à son livre sur l'*Organisation du travail* ; il a dû s'apercevoir alors que l'humanité n'était pas une horloge et que l'idéal humain n'était pas la discipline d'un couvent.

On sait, que, dans l'histoire, la déception s'appelle les Journées de Juin.

La même année, je terminais l'introduction de l'*Histoire des prolétaires,* en disant que le but de ces études était de suivre les efforts faits par les prolétaires pour

…arriver à conquérir cette liberté du travail reconnue par la *Déclaration des droits de l'homme* mais qui, dans notre organisation sociale, est restée à l'état de vœu au lieu de devenir une réalité.

C'est à la science et à l'intelligence qu'appartient le dernier mot ; c'est par l'observation des rapports naturels et artificiels du travail et du capital ; c'est par des expériences constantes prudemment tentées, sagement conduites, continuées avec persévérance, que se constituera, d'une manière normale, la société industrielle. Bacon a dit : « On ne triomphe de la nature qu'en obéissant à ses lois. » C'est en séparant les lois de la science sociale des préjugés qui l'obscurcissent que le travailleur arrivera à la plénitude de son droit.

Je n'ai pas changé de méthode. Je considère toujours que c'est par l'étude et l'observation des lois de la science sociale que l'humanité peut réaliser des progrès. Les déclamations des socialistes révolutionnaires, les prétentions des socialistes possibilistes, les explosions de dynamite n'ont pas modifié des idées qui avaient été fortifiées chez moi, à cette époque, par le spectacle lamentable des hommes et des choses de la Commune ; je considère que tout ce qui la rappelle ou prépare le retour d'un événement analogue ne peut pas être plus utile à l'avenir des travailleurs que ne l'a été dans le passé cette odieuse folie.

J'ai combattu au Conseil municipal les essais de socialisme municipal, comme l'établissement de la Série des prix de la Ville de Paris, en 1882 ; j'y ai fait rejeter, en 1884, la première proposition de subvention à des grèves qui s'y soit produite. Je me suis mis en travers des anarchistes, qui, le 11 mars 1883, voulaient entraîner une réunion de maçons à une manifestation de Louise Michel. Ils témoignèrent leurs sentiments à mon égard en essayant de m'assommer à l'aide de coups de poing américains et autres instruments variés.

Sans qu'elle se manifestât par ces voies frappantes, il y a toujours eu incompatibilité d'humeur entre les socialistes et moi.

En 1881, dans *la Justice*, journal de M. Clémenceau, M. Longuet, gendre de Karl Marx, combattait ma candidature à la Chambre des députés, en donnant comme principal argument contre moi, mon opposition aux restrictions légales du travail des femmes. En 1885, le Comité Central, organisé par M. Maujan, avait la même attitude à mon égard, parce que j'avais fait repousser la subvention aux grévistes d'Anzin. M. Rochefort me présentait, tous les matins, dans *l'Intransigeant*, avec quelques épithètes aussi variés que de bon goût, comme un « affameur. » Ce n'étaient ni de pareils procédés, ni de semblables arguments qui pouvaient changer mes convictions. Comme Cobden, je considère que « concéder au gouvernement le droit de régler les heures de travail, c'est poser le principe d'un retour en arrière » ; et on se rappelle avec quelle énergie John Morley, aujourd'hui membre du cabinet Gladstone, candidat à Newcastle, en 1892, déclara qu'il préférait ne pas être élu plutôt que de faire cette concession. Voilà des exemples de courage que feraient bien de méditer certains députés français qui s'abandonnent trop volontiers à tous les courants, sans même en sonder la profondeur ni en mesurer la force.

La nécessité de défendre la liberté individuelle contre une prétendue législation protectrice du travail et contre le despotisme de certaines associations ou syndicats se fait sentir partout. M. Georges Howel, membre du parlement, ancien ouvrier, ancien secrétaire du conseil des *Trades Union* à Londres et du Comité Parlementaire du Travail, un homme que les socialistes ne peuvent pas accuser d'être « un bourgeois », dans son livre intitulé le *Trade Unionism new and old*, protestait, en 1892, contre l'esprit de tyrannie qui s'était produit dans les grèves des docks, des ouvriers du gaz, à l'égard des ouvriers indépendants, ceux que nous appellerions les non-syndiqués : et il concluait à quoi ? à la nécessité d'une loi pour assurer la liberté du travail ! C'est parce qu'il a soutenu la même thèse que M. Broadburst, un ouvrier aussi, a dû donner sa démission de secrétaire du Congrès des *Trades Unions*, fonction qu'il remplissait depuis quatorze ans et qu'il a été battu à Nottingham. Ces hommes sont-ils des renégats ? Ne sont-ils pas des esprits clairvoyants qui veulent préserver leur patrie et leurs amis de la plus odieuse des tyrannies ?

Aux États-Unis, les mêmes protestations se font entendre. Un de leurs plus éminents publicistes, M. George Tickner Curtis, a réclamé aussi au nom de la liberté individuelle : « Nous avons émancipé de l'esclavage la race noire, il est nécessaire d'arracher certaines parties de notre race à un esclavage qui ne vaut pas mieux. Il n'est pas permis à un homme d'aliéner son droit à la vie ou à la liberté.[1] »

---

1 *North American Review,* 1892.

INTRODUCTION

M. Oates, président de la Commission d'enquête du Congrès des États-Unis sur la grève de Homestead, rappelait que les lois des États-Unis « ont consacré le droit de tout homme à travailler aux condition qu'il fixe d'accord avec son employeur, qu'il appartienne ou non à une organisation du travail et le droit de tout personne et de toute société d'employer un ouvrier quelconque à un travail autorisé par la loi, et que dans ce libre pays, ces droits ne sauraient être contestés ni restreints, à peine de détruire cette liberté personnelle qui est l'honneur et la gloire des citoyens américains. » Il repoussait l'arbitrage obligatoire, en vertu de ce principe qu'une autorité quelconque ne peut imposer un contrat à ne personne qui refuse de l'accepter.

Enfin le président des États-Unis, M Cleveland, disait dans son message : « Les leçons du *paternalisme* devraient être désapprises. Il faut que le peuple sache qu'il doit être, avec patriotisme et allégresse, le soutien du gouvernement et non pas celui-ci le soutien du peuple. »

Voilà dans quel termes des hommes éminents, de nationalités et de situations différentes, s'élèvent contre les prétentions tyranniques des socialistes actuels. En France, par leur agitation, la place qu'ils prennent dans les discussions du parlement et qu'ils occupent dans quelques conseils municipaux, la docilité moutonnière avec laquelle les suivent certains hommes politiques, ils donnent l'illusion d'une force qu'ils n'ont pas. Par leurs affirmations tranchantes, par leurs sophismes subtils, ils apparaissent aux yeux de naïfs et d'ignorants, comme des sortes de messies et d'apôtres.

En attendant les monopoles effectifs dont ils veulent s'emparer, ils s'arrogent le monopole de représenter « la classe ouvrière ». Ainsi, voici en quels termes M. Lavy interrompait mon discours du 8 mai 1893 sur les Bureaux de placement :

M. LAVY. — Cela cadre avec les affirmations que vous avez formulées d'un bout à l'autre de votre discours contre la classe ouvrière. Vous en avez le mépris et la haine, je le conçois.

M. YVES GUYOT. — Monsieur Lavy, permettez-moi de vous dire que je ne considère pas cette expression de classe ouvrière comme étant compatible avec le vocabulaire dont nous devons nous servir ici. (*Très bien ! très bien ! sur un grand nombre de bancs.*) Nous ne reconnaissons pas plus de classes ouvrières (*Très bien ! très bien !*) que de classe aristocratiques.

Et nous mêmes, quelles sont donc nos origines ? Quelle est notre manière de vivre ? Croyez-vous donc que nous n'avons pas tous des attaches avec les ouvriers dans notre parenté ou parmi nos ancètres !

Est-ce que la plupart d'entre nous ne travaillons pas d'un manière ou d'une autre ? Qu'est-ce que ces séparations aussi radicales que vous voulez faire entre les travailleurs et ceux qui ne travaillent pas. (*Très bien ! très bien ! — Applaudissements à gauche et au centre.*)

Vous avez déclaré, Monsieur Lavy, que j'avais la haine et le mépris de la classe ouvrière. Pourquoi aurais-je ce mépris ? Pourriez-vous me le dire ?

M. Lavy. — Je n'en sais rien.

M. Yves Guyot. — Quels seraient les motifs qui auraient pu déterminer cette haine et ce mépris, — alors que j'ai passé les meilleures années de ma vie à étudier précisément les questions économiques qui peuvent intéresser les progrès des travailleurs. (*Très bien ! très bien !*)

Il est vrai que je les ai étudiées au point de vue scientifique ; et cela précisément pour essayer de dégager ce que vous appelez les classes ouvrières des préjugés que vous leur soufflez, des influences malheureuses et néfastes… (*Applaudissements répétes.*)

M. Lavy. — Mais vous ne les dégagez pas de la misère.

M. Yves Guyot. — … Que des hommes n'ayant jamais étudié cette question à un point de vue désintéressé, essaient de leur insuffler pour les conduire à des aventures dont malheureusement le souvenir plane sur notre histoire. (*Très bien ! très bien !*)

Et pourquoi étais-je accusé « de haine et de mépris » à l'égard des ouvriers ? Parce que j'avais dénoncé à la tribune les agissements de la Bourse du travail. Les événements qui se sont passés depuis ont prouvé qu'il y a toujours des hommes qui voudraient nous jeter dans ces aventures qui s'appellent, dans le passé, les journées de Juin et la Commune. Le 28 mai, solennellement, le comité de la Bourses du travail en fermait les portes en signe de deuil et envoyait une couronne « aux héros » de la Commune. Dans le journal, organe

INTRODUCTION

de cette institution, on voit non seulement des appels répétés à la guerre sociale, mais des plans stratégiques de guerre civile ! M. le ministrede l'Intérieur, ayant donné, avec longanimité un délai de plus d'un mois aux syndicats constitués illégalement, pour se mettre au moins en règle avec la loi du 21 mars 1884, a été dénoncé comme traître au peuple et à la République.

Au moment où j'écris ces lignes, j'apprends qu'il a fermé la Bourse du travail, en prenant les précautions nécessitées par la menace d'une insurrection, et ces précautions mêmes ne sont-elles pas la preuve de l'imprudence qu'on avait commise en laissant se constituer sans objet déterminé, sans organisation, sans contrôle, dans un palais municipal, une organisation dont les représentants considéraient que la meilleure manière de défendre les intérêts des travailleurs était de préparer la guerre sociale.

Yves Guyot.
6 Juillet 1893.

## LIVRE PREMIER : L'ÉVOLUTION ET LA RÉGRESSION

### CHAPITRE PREMIER
### La Régression sociale.

Qu'est-ce qu'un socialiste ? — Origine du mot socialisme. — Définition de Proudhon. — Ce n'est pas la bonne. — Les socialistes actuels. — Discordes et accord. — Le Quatrième État. — Programmes socialistes. — Idées allemandes. — Le socialiste et le nègre. — L'atavisme social. — L'Évolution. — La Régression. — Définition. — La Régression sociale.

Dernièrement, un disciple de Lamark et de Darwin, un physiologiste déterministe de l'école de Claude Bernard, se rencontra avec un Délégué de la Bourse du travail.

Au bout de quelques instants, le Délégué de la Bourse du travail, l'œil congestionné de colère, la bouche gonflée d'imprécations et d'anathèmes, le poing tendu, lui dit :

— Tu es un rétrograde : car tu n'es pas socialiste !

Le déterministe. — Vérifions. Qu'entends-tu par ce mot : socialiste ?

Le délégué. — Comment ! ce que j'entends par là ? mais ça se comprend, on est socialiste ou on ne l'est pas. Or, tu ne l'es pas.

Le déterministe. — Et pourquoi me déclares-tu indigne de cette épithète ? De quel droit accapares-tu le mot « socialisme » alors qu'on ne sait pas encore à qui, de Robert Owen, Pierre Leroux ou Louis Reybaud, revient l'honneur d'en avoir enrichi notre vocabulaire ? Quelle est donc la signification que tu lui donnes ? Proudhon répondit au président du tribunal devant lequel il était poursuivi après les journées de juin 1848 : — Le socialisme, c'est tout aspiration vers l'amélioration de la société. — Mais alors, nous sommes tous socialistes, répliqua le président. — C'est bien ce que je pense, répondit Proudhon. — Tu n'es donc pas de l'avis de Proudhon ?

Le délégué. — Non ! Il n'y a de vrais socialistes que ceux qui marchent avec nous.

Le déterministe. — Et quels sont ceux qui marchent avec vous ou marchent ensemble ? Je vois qu'au cimetière du Père Lachaise, le 28 mai, les socialistes, broussistes, marxistes, allemanistes, blanquistes, au lieu de s'unir dans l'hommage qu'ils rendaient aux combattants de la Commune qu'ils considèrent tous comme leurs guides et leurs modèles, se sont battus entre eux avec acharnement, ce qui prouve que la fraternité qu'ils veulent imposer au monde, par des moyens révolutionnaires au besoin, ne règne pas positivement entre eux ? Quel est leur programme commun ? On ne le devine pas d'après leurs appellations respectives : car, ces hommes indépendants prennent des noms d'individualités pour signes de ralliement, comme les moines étaient les disciples dociles de saint Benoist, de saint Dominique de saint François ou de saint d'Augustin. À quels signes reconnait-on le vrai socialiste, selon votre évangile, de celui qui ne l'est pas ? Est-ce que les socialistes révolutionnaires ne tiennent pas en profond mépris les socialistes possibilistes ?

Le délégué. — C'est vrai. Les révolutionnaires trouvent que les

LIVRE PREMIER : L'ÉVOLUTION ET LA RÉGRESSION

possibilistes sont trop occupés de leurs succès personnels et des élections. Mais les possibilistes sont révolutionnaires aussi. Ils l'ont bien prouvé quand, dans leur journal *le Prolétaire*, MM. Lavy, député, Paul Brousse, Caumeau, Reties, Prudent-Dervillers, ont fait appel à leurs amis pour aller célébrer l'anniversaire de la chute de la Commune, « qui représente le Droit, et dont les combattants sont les héros qui doivent servir de modèles. » Au fond, entre les socialistes, qui sont les vrais socialistes, il n'y a pour les diviser que des questions de chefs : les uns préfèrent celui-ci ; les autres, celui-là. Mais nous sommes d'accord.

Le déterministe. — Et sur quoi.

Le délégué. — D'abord, sur le Quatrième État.

Le déterministe. — Et qu'est-ce que le Quatrième État ?

Le délégué. — Il y a eu le Tiers État en 1789. Un siècle après, il faut bien qu'il y ait le Quatrième. C'est le progrès.

Le déterministe. — Et de qui se compose-t-il ?

Le délégué. — De ceux qui ne sont pas bourgeois !

Le déterministe. — Et à quoi reconnaissez-vous un bourgeois ?

Le délégué. — Un bourgeois ! c'est celui qui est établi, qui fait travailler. Le salarié, voilà le Quatrième État.

Le déterministe. — Mais un Limousin qui vient à Paris, en été, faire son métier de maçon et retourne passer l'hiver dans la Creuse ou dans la Haute-Vienne où il est propriétaire, fait-il partie du Quatrième État ?

Le délégué. — (après un moment d'hésitation). — À Paris, oui. Dans son pays, c'est un bourgeois. Ici, nous voulons qu'il soit avec nous. Là-bas, non.

Le déterministe. — Cette distinction prouverait que le Quatrième État n'a pas une frontière bien délimitée.

Le délégué. — Ce n'est pas tout cela. Sont socialistes ceux qui veulent « abroger » la loi de l'offre et de la demande, la loi d'airain des salaires, ceux qui veulent la reprise aux exploiteurs des moyens de production au profit des exploités, la suppression du salariat, la socialisation du sol et de l'outillage industriel.

Le déterministe. — Je reconnais ces formules et ces phrases. Nos socialistes et communistes de 1848, depuis Louis Blanc jusqu'à

Cabet, les reconnaîtraient comme les petites-filles de leurs idées, mais déformées, engoncées, enflées, alourdies, par le mâtinage germanique. Elles sont la trame des programmes des congrès de Gotha (1873) et d'Erfurt (1891). Elles remontent en deçà de 1848, tout au moins, en tant que conceptions ; et vous vous prétendez avancés !

LE DÉLÉGUÉ. — Oui, et vous, économiste bourgeois, suppôt du capital, stipendié de la haute Banque, odieux propriétaire, vous n'êtes qu'un réactionnaire, un rétrograde, un renégat !

LE DÉTERMINISTE. — Pour être un renégat de ton socialisme, il faudrait l'avoir partagé. Or, je n'ai jamais eu cette faiblesse, je ne suis rien de tout ce que tu dis, je ne suis qu'un déterministe. Malheureusement tu as pris l'habitude de te griser d'un certain nombre de mots que tu ne comprends pas, que tu répètes, que tu lances à tort et à travers. Eh bien ! toi qui appelles les autres réactionnaires et rétrogrades, je t'invite à vouloir bien te souvenir de deux définitions : sais-tu ce que c'est que l'atavisme ?

LE DÉLÉGUÉ. — Ce n'est pas dans notre programme.

LE DÉTERMINISTE. — Malheureusement si. S'il n'y est pas *totidem litteris*, l'atavisme le domine tout entier.

LE DÉLÉGUÉ. — Je ne comprends pas.

LE DÉTERMINISTE. — Tu as peut-être entendu parler du préjugé de la couleur, quoiqu'il n'ait guère l'occasion de se produire en France. En voici l'origine. On te présente une charmante quarteronne. Si elle a les cheveux noirs, elle a la peau blanche. Sauf un peu de bistre imperceptiblement aux ongles, impossible de supposer qu'elle a du sang noir dans les veines ; et en effet, des générations et des générations ont passé depuis qu'elle a compté une négresse parmi ses ancêtres. Cependant un jeune homme, blond, avec des yeux bleus, hésitera à l'épouser : car, il est possible que l'un de ses enfants, au lieu de subir une influence héréditaire immédiate, présente les caractères de l'aïeule, qu'un négrier avait vendue il y a cent cinquante ans, aux Antilles, en vantant sa couleur d'ébène. Ce phénomène s'appelle l'atavisme. Sais-tu ce que tu fais en voulant mêler l'organisation sociale, née de la Révolution française, à un tas de survivances qui nous viennent des civilisations primitives ? Par l'union de ton collectivisme, de ton socialisme avec la *Déclaration*

LIVRE PREMIER : L'ÉVOLUTION ET LA RÉGRESSION

*des droits de l'homme,* tu essayes de procréer un contemporain de nos aïeux de l'âge de la pierre brute. L'œuvre que, dans ton inconscience, tu cherches à accomplir, c'est de ramener notre civilisation à une forme ancestrale. Tu fais de l'atavisme social.

LE DÉLÉGUÉ. — Alors, tu nous accuses de vouloir faire des nègres. Voilà bien la mauvaise foi bourgeoise ! Je te défie de trouver cela dans notre programme.

LE DÉTERMINISTE. — Sais-tu ce que c'est que l'Évolution ?

LE DÉLÉGUÉ. — Mais non, ce n'est pas dans notre programme.

LE DÉTERMINISTE. — L'Évolution est l'ensemble des qualités acquises par l'humanité depuis son apparition et transmises en s'accumulant à travers les séries de générations. Et maintenant sais-tu ce que c'est que la Régression ?

LE DÉLÉGUÉ. — Ce n'est pas non plus dans notre programme. Il ne faut pas y mettre des choses qui n'y sont pas.

LE DÉTERMINISTE. — Malheureusement si.

LE DÉLÉGUÉ. — Je t'assure que je ne l'ai jamais entendue réclamer à la Bourse du travail.

LE DÉTERMINISTE. — On n'y fait que cela.

LE DÉLÉGUÉ. — C'est trop fort.

LE DÉTERMINISTE. — Je vais te le prouver, si tu veux bien te souvenir de la définition du Littré : « *Régression.* Terme de physiologie et de pathologie. Qui, après avoir offert des phénomènes de développement s'atrophie, se résorbe, se décompose. Travail régressif. Transformation régressive. Du latin*regressionem* de *regresserum,* supin de *regredi* et *gradi,* marche. » Toi qui prétends marcher en avant, tu marches en arrière. Ton idéal social, tu le crois devant toi, il est derrière. Pauvre Janus, aveugle par devant, tu ne regardes que l'horizon du passé. Où tu veux aller, à grands efforts, à travers les périls et les cataclysmes, c'est vers des civilisation caduques et barbares. Loin que tu essayes de te développer, toi et les tiens, en participant à l'évolution humaine que nous révèlent tous les progrès accomplis, le but que tes amis et toi poursuivent, c'est la *Régression sociale.*

Yves Guyot

# CHAPITRE II
## Programmes socialistes.

Les socialistes français. — Disciples des Allemands. — Les programmes allemands. — Le programme de Ghota, 1875. — Les trois parties. — Principes collectivistes. — Programme politique. — Protection du travail. — Le congrès de Halle, 1890. — Le congrès d'Erfurt, octobre 1891. — Il accentue le collectivisme du congrès de Gotha. — Vague des formules. — Liberté d'espérances. — Atténuations politiques. — Législation du travail. — Ces programmes sont la base de tout le socialisme contemporain. — *Principe directeur : substitution de l'État au contrat.*

C'est en Allemagne que nos socialistes, depuis plus de vingt ans, vont chercher toutes leurs aspirations. Ils se font gloire d'être Germains, de penser et de parler à la mode allemande et d'avoir pour chef des gendres de Karl Marx, comme M. Pablo Lafargue. Je ne leur reprocherai même pas, au nom du patriotisme, d'ajouter cette invasion aux précédentes ; car, je considère que les idées n'ont pas de frontières. Mais comment se fait-il que ces socialistes qui se prétendent « avancés » ne se soient pas demandé si la civilisation française n'était pas plus avancée en évolution que l'Allemagne ; si, en allant chercher leurs aspirations, ils ne s'adressaient pas à un milieu inférieur à celui dans lequel ils agissent ?

Ce n'est pas à l'Allemagne qu'est dû ce grand mouvement intellectuel qui, en faisant la Révolution française, a proclamé un certain nombre de vérités sociales, à tout jamais, indiscutées en France, en dépit parfois de certaines apparences contraires, tandis que nous trouvons encore, dans les pays germaniques, une organisation de castes sociales, de privilèges accordés à la naissance — y compris celui de l'Empereur.

Depuis 1853, en trente ans, le parti socialiste allemand a élaboré cinq programmes, preuve que le dogme socialiste n'a pas reçu sa forme définitive des le premier jour : et s'il a déjà été modifié, n'est-il pas encore susceptible de transformations ? D'où vient donc la superbe de ceux qui veulent l'imposer, du jour au lendemain, à tous, la force aidant ?

Au congrès de Gotha, tenu en 1875, les associations fondées l'une par Lassalle, l'autre par Bebel et Liebnecht, arrêtèrent un programme divisé en trois parties : une déclaration de principes collectivistes ; un programme d'organisation politique ; des réclamations pour la protection immédiate du travail.

Voici le texte de la première partie:[1]

I. Le travail est la source de toute richesse et de toute civilisation, et comme un travail profitable à tous n'est possible que par la société, c'est à la société, c'est-à-dire à tous ses membres que doit appartenir le produit général du travail, avec obligation pour tous de travailler, et avec un droit égal pour chacun de recueillir du fruit de ce travail commun la part nécessaire à la satisfaction de ses besoins raisonnables.

Dans la société actuelle, les instruments de travail sont le monopole de la classe capitaliste ; la dépendance forcée qui en résulte pour la classe ouvrière est la cause de la misère et de la servitude sous toutes ses formes.

L'affranchissement du travail exige la transmission des instruments de travail à la société tout entière et le règlement collectif de l'ensemble du travail, avec l'emploi du produit du travail conforme à l'utilité générale, et selon une juste répartition.

L'affranchissement du travail être l'œuvre de la classe ouvrière, en face de laquelle toutes les autres classes ne forment qu'une masse réactionnaire.

II. Partant de ces principes, le parti ouvrier socialiste d'Allemagne s'efforce de constituer par tous les moyens légaux l'État libre et la société capitaliste, de briser la loi d'airain du salaire par la suppression du système du salariat, de faire cesser l'exploitation sous toutes ses formes, d'écarter toute inégalité politique et sociale.

Le parti socialiste ouvrier d'Allemagne, bien qu'agissant tout d'abord dans le cadre national, a conscience du caractère international du mouvement ouvrier et est résolu à remplir tous les devoirs qu'il impose aux ouvriers, pour que la fraternité entre tous les hommes devienne une vérité.

Le parti socialiste ouvrier d'Allemagne, pour préparer les voies à la solution de la question sociale revendique la fondation

1 Voir Bourdeau, *Le socialisme allemand*, p. 122.

Yves Guyot

d'associations productives socialistes, avec le secours de l'État, sous le contrôle démocratique du peuple ouvrier. Les associations productives concernant l'industrie et l'agriculture devront prendre assez d'extension pour qu'il en résulte l'organisation socialiste du travail collectif.

Le parti socialiste ouvrier d'Allemagne demande comme fondements de l'État :

« Le suffrage universel direct — la législation directe par le peuple, notamment le pouvoir de décider la guerre — l'armement universel au lieu des armées permanentes — la suppression de tout loi ou mesure contraire à la liberté de la presse, des réunions, des coalitions — juridiction par le peuple — l'enseignement par l'État intégral et universel — un seul impôt progressif sur le revenu. »

Quant à la protection du travail dans la société actuelle, le congrès de Gotha réclamait :

— Le droit de coalition sans limites.

— La fixation de la journée de travail normal correspondant aux besoins société. L'interdiction du travail du dimanche.

— L'interdiction du travail des enfants et de tout travail des femmes pouvant nuire à la santé et à la moralité.

— Des lois protectrice de la vie et de la santé des ouvriers. Un contrôle sanitaire des habitations des ouvriers. Une surveillance des mines, de l'industrie, des fabriques, des ateliers te de l'industrie domiciliaire par des employés nommés par les ouvriers ; une loi pénale sur la responsabilité des patrons.

— Règlement du travail des prisons.

— Libre administration de toutes les caisses ouvrières d'administration et de secours.

Le congrès de Halle, en 1890, organisa le parti démocrate socialiste allemand, et le congrès d'Erfurt, en octobre 1891, accentua le programme du congrès de Gotha sur les points suivants :

Il n'y a que la transformation de la propriété privée capitaliste des moyens de production, — sol, mines, matières premières, outils, machines, moyens de transport — en propriété collective, et la transformation de la production des marchandises en production effectuée pour et par la société, qui puisse faire que la grande

LIVRE PREMIER : L'ÉVOLUTION ET LA RÉGRESSION

industrie et la capacité croissante de rapport du travail collectif, au lieu d'être pour les classes jusqu'ici exploitées une somme de misère et d'oppression, devienne une somme du plus grand bien-être et d'un perfectionnement harmonique et universel...

Mais cet affranchissement en peut être que l'œuvre de la classe ouvrière, parce que toutes les classes, malgré les querelles d'intérêt qui les divisent, reposent sur la propriété privée des moyens des production, et ont pour but commun les fondements de la société actuelle.

Le combat de la classe ouvrière contre la classe capitaliste est nécessairement un combat politique. Elle ne peut réaliser la transition des moyens de production en propriété collective, sans avoir pris possession de la puissance politique.

Les intérêts de la classe ouvrière sont les mêmes dans tous les pays où règne le mode de production capitaliste.

Voilà les points principaux de la première partie. Comment sera organisée la propriété collective du sol, de l'outillage et des matières premières ? Comment sera réparti le travail ? Comment sera distribué le produit ? y aura-t-il égalité de durée de travail ? égalité de salaire ? etc. Les chefs du parti socialiste allemand suppriment les difficultés en faisant le silence sur elles sans doute parce qu'ils croient qu'il serait dangereux d'entrer dans des détails trop précis sur les Paradis qu'ils promettent et qu'ils vaut mieux laisser chacun faire le sien à sa convenance. C'est cette liberté d'espérances qui a toujours fait la force des religions.

Au point de vue des exigences politiques, le programme d'Erfurt est revenu en deçà de celui de Gotha. Plus de législation directe par le peuple : l'expérience du *referendum* suisse a montré aux socialistes qu'elle était peut-être dangereuse pour eux. Il n'est plus question que d'un droit d'initiative et de veto. La religion n'est plus seulement une affaire privée comme dans le programme de Gotha. Le congrès d'Erfurt laisse à l'Église liberté entière de s'administrer à sa guise. Il réclame l'impôt progressif sur le revenu et la fortune et sur les successions d'après l'importance de l'héritage et le degré de parenté.

Quant à la protection immédiate du travail, le congrès d'Erfurt demande :

Yves Guyot

Pour la protection de la classe ouvrière le parti démocrate socialiste d'Allemagne revendique tout d'abord :

1° Une législation protectrice du travail efficace, nationale et internationale, sur les bases suivantes :

*a*) Fixation d'une journée de travail normale, limitée à huit heures maximum.

*b*) Interdiction du travail industriel pour les enfants au-dessous de quatorze ans.

*c*) Interdiction du travail de nuit, sauf pour les branches d'industrie qui par leur nature, soit pour des raisons techniques, soit pour des raisons de bien-être général, exigent le travail de nuit.

*d*) Un intervalle de repos ininterrompu, d'au moins trente-six heures, une fois par semaine, pour chaque ouvrier.

*e*) Interdiction du truck-système.

2° Surveillance de toutes les exploitations industrielles, règlement des conditions de travail à la ville et dans la campagne par un office impérial de travail, des offices de travail de district, et des chambres de travail. Hygiène industrielle sévèrement appliquée.

3° Même situation légale pour les ouvriers de l'agriculture et les domestiques, que pour les ouvriers de l'industrie. Suppression de la réglementation concernant les domestiques.

4° Le droit de coalition assuré.

5° L'assurance ouvrière tout entière à la charge de l'Empire avec participation déterminante des ouvriers à l'administration.

Ce programme est muet sur le travail des femmes. Autrefois le parti demandait l'autonomie des caisses de secours ; le programme d'Erfurt met logiquement l'assurance ouvrière à la charge de l'Empire. Le programme ne parle plus des associations ouvrières, subventionnées par l'État, qui avaient été la grande conception politique de Lassalle.

Ces programmes allemands, dans leur partie pratique comme dans leur portée théorique, sont la base des programmes des socialistes français. Nous pouvons donc juger l'idéal socialiste d'après ces données générales.

Quelle en est l'idée dominante, pour laquelle le congrès de Halle exige l'adhésion de tout homme qui veut s'embrigader dans le parti ? — Un appel pressant à l'intervention économique de l'État, aussi bien dans la période de transition, où le programme demande la protection du travail, que dans la société utopique où l'État réglera, achètera tout, vendra tout.

Le principe directeur du socialisme est la *substitution de l'État au contrat.*

## CHAPITRE III
### Caractères du progrès politique et intellectuel.

Conséquences de la définition précédente. — Le despotisme dans les civilisations primitives. — Absence et interdiction de *décision personnelle.* — Absorption de l'individu dans la Cité. — *Tu omnia* ! — Liberté de conscience. — Suppression de l'hérésie politique et sociale. — Suffrage universel. — *Le progrès dans l'évolution politique, religieuse, intellectuelle de l'humanité, se constate par la substitution des décisions personnelles aux arrangements de l'autorité.*

Si cette définition telle qu'elle résulte des programmes socialistes allemands, adaptés plus ou moins bien à l'usage de tous les socialistes Français, Anglais, Suisses, Belges, Américains, est celle du socialisme, — et il leur serait difficile de la contester sous peine de renier leurs réclamations actuelles et leurs aspirations de demain, — notre démonstration, que le socialisme représente une régression et non un progrès, est faite ; car il suffira de rappeler quelques-uns des phénomènes typiques de l'évolution de l'humanité pour que ce mouvement de recule apparaisse net et précis aux yeux de tous ceux qui, au lieu de s'enivrer de mots et de rêveries, de se laisser aller à des impulsions épileptiformes ou a des rêveries de millénaires, croient que la méthode d'observation doit nous guider aussi bien en sociologie que dans les autres sciences. Si cette évolutions déplaît à certains socialistes qui prétendent représenter le socialisme scientifique et se servir de la méthode historique, ce sera une preuve que s'ils invoquent cette méthode, ils refusent de s'en servir.

Si nous l'appliquons à dégager le critérium qui distingue la régression sociale de l'évolution, nous constatons tout d'abord

Yves Guyot

que, maintenant, nul n'ose plus placer l'Age d'or derrière nous. Et il ne s'agit pas, en ce moment, du point de vue matériel, quoique dans la discussion qui nous occupe actuellement, il ait bien son importance, mais des rapports sociaux.

Dans les programmes politiques des congrès que nous avons cités, nous voyons invoquer le droit de vote, le suffrage direct, la liberté de parole, de presse, et demander que la religion soit considérée comme une affaire privée : ce sont là autant de négations et de réprobations des états de civilisation par lesquels l'humanité a passé jusqu'à présent.

Non seulement dans les civilisations primitives, telles que celles dont nombre de peuplades australiennes, polynésiennes, africaines nous offrent encore le type, en nous permettant de retrouver, comme contemporains, certains de nos aïeux préhistoriques, mais dans les civilisations indoues, grecques, latines, nous voyons dans toutes les tribus constituées ; la domination omnipotente du chef de la famille, en comprenant dans ce mot les femmes, les enfants, des parents de tous degrés et les esclaves. Il est la seule individualité qui existe dans la tribu, car seul il a le droit de commander ; et cependant sa propre décision est subordonnée au culte des morts, aux coutumes des ancêtres, aux ordres des dieux. En réalité, dans ce type de civilisation, personne ne peut penser par soi-même, agir par sa propre initiative, essayer de diriger sa vie comme il l'entend.

Quand les réunions de tribus ont constitué la Cité, que cette Cité soit gouvernée par une oligarchie, un conseil démocratique ou un tyran, aussi bien dans la libérale Athènes que dans Rome la patricienne, l'individu n'a pas d'existence propre. Aristote, comme Platon, n'en fait qu'une molécule passive. Le scepticisme à l'égard des dieux est puni par la ciguë de Socrate. La Cité est tout : et lorsque devenant l'Empire, Rome s'incarne dans un homme : *Tu omnia !* « Tu es tout ! » crie le Sénat en acclamant Probus ; et comme héritiers de la même idée, nos légistes décernent cette omnipotence à Philippe le Bel, et Bossuet, au nome de l'Écriture Sainte, à Louis XIV, si bien que le débonnaire Louis XVI, se figurant encore, à la veille de 1789, qu'il était le maître absolu de ses sujets, de leurs biens et de leurs destinées, disait à Malesherbes : — C'est légal parce que je le veux !

LIVRE PREMIER : L'ÉVOLUTION ET LA RÉGRESSION

Dans toutes ces civilisations, nous constatons donc l'esclavage de la pensée, l'interdiction à l'individu d'avoir une doctrine que ne fût pas orthodoxe. Et depuis quand en sommes-nous affranchis ? il n'y a pas quinze ans, qu'en dépit des éditions multiples de Voltaire, c'était encore un grave délit de tourner en dérision un culte reconnu par l'État. À défaut de foi, le respect était obligatoire. En Allemagne, il y a encore une religion d'État. Les programmes de Gotha et d'Erfurt demandent que le culte ne soit plus qu'une affaire privée. Pourquoi le mouvement de Luther est-il considéré comme progressiste, sinon parce qu'il a affranchi la conscience individuelle ; parce qu'il a permis à l'individu de décider, dans un domaine plus étendu qu'auparavant, ce qu'il pouvait croire et ne pas croire ? Qui donc oserait demander la résurrection de l'Inquisition, cette effroyable machine d'oppression qui faisait de chaque homme un suspect et lui demandait compte de ses intentions les plus secrètes ? qui donc ne considère pas comme la plus épouvantable des tyrannies, l'obligation pour l'individu, sous les peines les plus atroces, de croire ce que lui ordonnait de croire un clergé appelant à son aide le bras séculier pour imposer sa domination ?

Qu'est-ce que la liberté de conscience qui, après avoir coûté tant de glorieuses victimes, est devenue maintenant un principe incontestable de théorie, quelques critiques que puisse en provoquer l'application, sinon la reconnaissance à tout individu du droit de décision personnelle ?

Où sont donc les socialistes qui repoussent ce droit en matière religieuse ou philosophique ? le repoussent-ils quand ils demandent la liberté de la presse et de la parole ? Ils en réclament, au contraire, non seulement pour chacun le droit de décider par soi-même ce qu'il doit croire ou ne pas croire, mais encore le droit de propager, par tous les moyens de publicité, ses affirmations et ses négations.

Ils réclament, et nous sommes de leur avis, qu'il n'y ait plus d'orthodoxie ni d'hérésie en matière politique et sociale.

Qu'est-ce que le droit de vote politique dont les programmes que nous avons cités demandent encore l'extension ? C'est le droit pour chaque citoyen de décider par soi-même des destinées de son pays, tandis que ce droit était réservé autrefois exclusivement

Yves Guyot

au chef de la tribu, et encore sous l'autorité des coutumes et des dieux, ou à une oligarchie, ou à un despote grec, au César Romain, au *basileus* de Byzance, au monarque de droit divin.

Et comme les socialistes français, du moins tant qu'ils ne sont pas les plus forts, proclament, comme leurs frères allemands, les libertés que nous venons d'énumérer, ils sont bien obligés d'admettre dans l'évolution politique, religieuse, intellectuelle de l'humanité, que le progrès se constate par la *substitution des décision personnelles aux arrangements d'autorité.*

## CHAPITRE IV
### Caractères du progrès social.

L'esclavage. Absorption de la personnalité. Le serf de corps et le serf abonné. *Obligations personnelles et obligations réelles.* — L'idée de contrat tardive. — Le contrat d'après le Code civil. — Spécification des services. — Liberté du travail. — Respect de la liberté individuelle. — Sociétés commerciales. — Séparation de l'homme et de la chose. — La société anonyme. — Caractères du contrat. —*Substitution du contrat aux obligations imposées d'autorité.*

En est-il donc autrement au point de vue du droit privé et au point de vue économique ?

Dans les civilisations primitives, le travail est fait par la femme et par l'esclave, le plus fort se réservant la jouissance et imposant, sans conditions, l'effort au plus faible. Un des signes les plus certains du progrès de l'évolution humaine est l'affranchissement de la femme de cet asservissement. Ce qui nous révolte dans l'esclavage, c'est qu'un homme appartient à un autre homme, sans qu'il puisse intervenir dans la direction de sa destinée. L'être tout entier est une propriété. Nulle distinction entre sa personnalité et les services qu'il peut rendre, les redevances auxquelles il peut être soumis. Et voici les étapes du progrès : Après l'esclavage le servage, après le serf de corps, le serf abonné, dont les obligations, au lieu d'être illimitées, sont déterminées et, au lieu d'être personnelles, s'appliquent à des services ou à des choses.

Cette distinction entre les obligations personnelles et les obligations réelles, étable déjà par le droit romain, est un des grands faits juridiques de l'humanité, quoi qu'en ait pu dire Bentham.

Dans l'ancien droit, pas de contrat, ni aucun mot qui y corresponde. Le père de famille ordonne : il ne délibère pas ; pas de réciprocité de service débattus et convenus, avec une sanction pour l'exécution. Cependant nous trouvons le contrat chez des commerçants, comme les Athéniens ; et c'est le commerce qui en a fait le plus individualiste des peuples de l'antiquité. L'armateur du Pirée traite pour des marchandises, du vin, de l'huile, avec des étrangers. Il se décide par soi-même sans demander permission à son gouvernement. Il fait des contrats et des contrats réels, pour des services déterminés, pour les choses spécifiées ; et sa personnalité reste en dehors.

À Rome, au fur et à mesure du développement du droit, le contrat devient de plus en plus réel et de moins en moins personnel.

Hobbes, Grotius et après eux, Rousseau croyaient que le contrat pouvait lier des personnes entre elles ; qu'une personne pouvait aliéner une partie de son existence, de ses jours, de son être à une autre et qu'une autre pouvait en prendre possession : et c'est vrai encore pour le mariage, mais ce n'est plus vrai que pour le mariage ; et le divorce a atténué ce contrat personnel.

Dans la définition du contrat telle que la donne le Code civil, nulle équivoque. D'après l'article 1101 « le contrat est une convention par laquelle une ou plusieurs personnes s'obligent, envers une ou plusieurs autres, à donner, à faire ou à ne pas faire quelque chose. — Article 1126. Tout contrat a pour objet une chose qu'une partie s'oblige à donner ou qu'une partie s'oblige à faire ou à ne pas faire. » Le Code insiste sur le caractère réel du contrat : Article 1128. « Il n'y a quel les choses qui sont dans le commerce qui puissent être l'objet de conventions. — Article 1129. Il faut que l'obligation ait pour objet une chose, au moins déterminée quant à son espèce. La quotité de la chose peut être incertaine, pourvu qu'elle puisse être déterminée. »

Dans le contrat de louage, le Code a bien soin de spécifier « qu'on ne peut engager ses services qu'à temps ou pour une entreprise déterminée » (art. 1780).

Yves Guyot

C'est le principe même de la liberté du travail, réclamée par les Physiocrates, proclamée par Turgot, dans son édit de 1776, contre les prétentions des corporations dans lesquelles l'apprenti et le compagnon avaient des devoirs indéterminés et personnels à l'égard du maître.

À Rome, le débiteur insolvable devenait esclave ; la personne payait pour la chose ; tel était encore le cas dans le système de la contrainte par corps. Mais maintenant, le contrat respecte complètement la personne du contractant : au point de vue moral, il doit remplir les engagements qu'il a pris ; au point de vue juridique, « toute obligation de faire ou de ne pas faire se résout en dommages et intérêts » (art. 1142 du Code civil).

Le système des contrats civils est basé tout entier sur le respect de la liberté individuelle : et au fur et à mesure du développement du droit commercial, c'est ce principe qui a prévalu. Quand la Ligue Hanséatique reconnaissait les contrats conclus avec des étrangers, elle faisait de l'engagement une entité distincte de la personne qui l'avait pris, ne s'inquiétant ni de la couleur, ni de la race, ni de la religion des contractants.

Dans la société en commandite, la responsabilité des commanditaires à l'égard des tiers s'est spécifiée et déterminée, grâce aux travaux des docteurs italiens ; puis après la société par actions, à responsabilité limitée, nous trouvons, pour la première fois en 1555, en Angleterre, la société anonyme, la *Russia Company,* dans laquelle des capitaux, réunis en commun pour une action ou une opération déterminée, sont seuls engagés, et dont les possesseurs peuvent changer sans que le pacte social soit altéré. La séparation de l'homme et de la chose est si complète que la société prend toujours le nom de son objet.

Que nous révèlent ces faits ? l'évolution juridique et économique des sociétés présente les mêmes caractères que l'évolution intellectuelle, religieuse et politique.

Les services indéterminés, dans les groupes primitifs, deviennent des services nettement spécifiés, comme caractère et comme durée, basés sur la séparation de l'homme et de la chose et pouvant toujours être résiliés, moyennant des charges pécuniaires.

Aux obligations imposées d'autorité ont fait place des obligations

LIVRE PREMIER : L'ÉVOLUTION ET LA RÉGRESSION

résultant de contrats, qui ne sont valables que par la décision personnelle des contractants.[1]

## CHAPITRE V
### L'Évolution de la propriété.

Le collectivisme en est la forme primitive. — Communes agraires. — *Nul n'est tenu de rester dans l'indivision.*

L'idéal socialiste, tel que l'exposent les programmes que nous avons cités, est le collectivisme ; et même quelques-uns de ceux, qui ne vont pas aussi loin, acceptent cependant l'accaparement de la propriété foncière par l'État sous la dénomination de nationalisation du sol.

Les sociétés ont-elles donc évolué de la propriété individuelle à la propriété collective, pour qu'on puisse dire, en invoquant l'exemple du passé, que là est le progrès ? N'est-ce pas le phénomène inverse qui s'est produit ? Chez les peuples chasseurs et nomades une horde erre à travers une étendue de sol plus ou moins grande, et, quand la tribu se fixe, la propriété reste indivise entre ses membres. À Rome, d'après Mommsen, la commune agraire a été le premier régime terrien de l'Italie ; et partout aussi bien dans l'ancienne Chine que dans la Germanie et dans la Grande Bretagne avant la conquête normande, nous trouvons cette communauté agraire qui a survécu jusqu'à nos jours dans le *mir* russe, chez les Slaves méridionaux, en Croatie, en Serbie, en Bosnie, en Bulgarie, en Dalmatie, en Herzégovine, mais qui disparaît à l'approche de tout chemin de fer. Que les collectivistes de Gotha, d'Erfurt ou de la Bourse du travail aillent donc proposer à un paysan français de mettre son sol en commun, ne s'agirait-il que de l'offrir à la mairie de sa commune, il leur répondra par le principe de droit qu'il connaît mieux que tous les autres : — Nul n'est tenu de rester dans l'indivision.

Et il a bien raison, car cette indivision est l'affirmation de son individualité.

---

1 Voir Summer Maine, *L'ancien droit.*

# CHAPITRE VI
## Contradiction doctrinale des socialistes.

Toutes leurs aspirations sont régressives. — Propriété collective. — Conseil à M. Henry George. — Suppression des contrats. — Suppression de la décision personnelle. — Travail servile. — Organisation sur le type militaire.

Vous, socialistes, vous voulez revenir à la propriété collective des peuples primitifs ou des peuples les plus lents dans leur évolution. M. Henri George a fait un livre sur la nationalisation du sol. Il est Américain. Les États-Unis ont des territoires immenses qu'ils ne cessent pas de dénationaliser et de convertir en propriétés privées. Que ne commençait-il par demander à ses compatriotes de laisser à l'état de nationalisation quelques milliers de kilomètres carrés et que n'essayait-il d'aller recommencer l'expérience qui réussit si mal à nos Icariens au Texas ?

Cette substitution de la propriété individuelle à la propriété collective suffirait à juger le caractère régressif de vos conceptions.

Vous voulez substituer à des contrats des arrangements d'autorité ; à des services réels des services personnels ; vous voulez éliminer de la vie économique l'initiative individuelle. Dès maintenant, par les lois que vous appelez protectrices du travail, vous voulez limiter la capacité de travail des individus, et condamner au repos l'homme vigoureux qui, pour augmenter ses ressources, voudrait user de ses facultés et de ses forces ; vous voulez interdire le travail aux femmes, afin de les maintenir dans la servitude des civilisations primitives, sous des prétextes hypocrites de santé et de moralité ; vous voulez supprimer le travail aux pièces, afin d'enlever tout esprit d'initiative et la chance d'augmentation de gain intelligent à l'ouvrier et le réduire à l'état d'appendice mécanique au métier ; vous voulez supprimer, dans l'industrie, tout ce qui est décision personnelle de sa part pour en faire une sorte de rouage passif. Dans votre société idéale, vous transportez, comme le reconnaît M. Colins, l'organisation militaire. Mais cette organisation entraîne une hiérarchie, une discipline, l'obéissance passive, et brise le grand ressort.

Au lieu de l'émulation du gain qui est le régulateur du travail libre, vous donnez comme mobile la contrainte du travail servile.

## CHAPITRE VII
### Contradiction pratique des socialistes.

Haine et mépris du gouvernement et de l'administration. — Conclusion : Tout remettre au gouvernement et à l'administration. — Les bons ! — Hommes ou automates ? — Contradiction : *liberté politique et tutelle économique.* — Mineur et majeur.

Par une contradiction flagrante vous voulez vous servir de ces libertés que vous réclamez, non pas pour demander des droits personnels encore méconnus, le plein exercice de la liberté du travail, mais pour demander que l'État soit le seul régulateur du mouvement économique dans chaque nation. Si vous contestez que votre organisation sociale qui implique la suppression de la décision personnelle, la substitution de l'État au contrat, n'est pas une régression, répondez donc pourquoi vous considérez comme un progrès la liberté politique et religieuse.

Quoi ! vous réclamez le suffrage universel ; vous voulez diriger les destinées de votre pays par le bulletin de vote ; vous voulez penser, parler et agir comme vous l'entendez, et vous voulez que cet État, que vous trouvez mauvais, insuffisant et toujours suspect, dirige vos achats et vos ventes par ses tarifs de douanes, fixe vos heures de travail et de chômage, détermine votre salaire et devienne le régulateur de l'activité économique du pays ! Au point de vue politique, vous voulez être des hommes ; au point de vue économique, vous voulez être des automates !

Comment conciliez-vous ces revendications contradictoires que vous émettez en même temps : *Liberté politique et tutelle économique ?*

Le déterministe. — Es-tu électeur ?

Le délégué. — Oui.

Le déterministe. — Veux-tu renoncer à ton droit d'électeur ?

Le délégué. — Non.

LE DÉTERMINISTE. — Tu te reconnais donc majeur ?

LE DÉLÉGUÉ. — Oui.

LE DÉTERMINISTE. — Mais si tu demandes que l'État contracte pour toi, tu te considères donc comme mineur. Choisis entre les deux, ou mineur ou majeur ; mais tu ne peux être à la fois l'un et l'autre.

LE DÉLÉGUÉ. — Tout cela, c'est de la science bourgeoise, faite pour tromper le peuple.

LE DÉTERMINISTE. — Soit. Mais dis-moi donc ce que tu penses du gouvernement.

LE DÉLÉGUÉ. — Rien de bon ! Un tas de bourgeois, des exploiteurs, des ignorants.

LE DÉTERMINISTE. — Oh !

LE DÉLÉGUÉ. — Oui. Allemane, Brousse, Vaillant et les autres, nous l'ont dit. Et puis un tas de voleurs ! des panamistes !

LE DÉTERMINISTE. — Pas tous !

LE DÉLÉGUÉ. — Tous !

LE DÉTERMINISTE. — Et dans tous les pays ?

LE DÉLÉGUÉ. — Oui, partout. Ils ne valent pas mieux les uns que les autres.

LE DÉTERMINISTE. — En Allemagne, en Italie, en Angleterre, aux États-Unis ?

LE DÉLÉGUÉ. — Oui. C'est encore pis.

LE DÉTERMINISTE. — Tu as une bonne opinion des gouvernants. Et l'Administration ?

LE DÉLÉGUÉ. — Des ronds de cuir qui sont là pour empêcher de danser en rond, toujours perdus dans leurs paperasses. Ils ne savent que compliquer.

LE DÉTERMINISTE. — Cependant notre administration est intègre.

LE DÉLÉGUÉ. — Il ne faut pas me le faire croire, à moi. Lisez la *Libre Parole* et l'*Intransigeant*. Et la guerre ? et la marine ? mais vous parlez tous à la Chambre des abus qu'il y a, des gaspillages qui s'y font. Vous déclarez que nous n'en avons pas pour notre argent.

LE DÉTERMINISTE. — L'armée et la marine sont de belles

administrations de l'État, dans lesquelles l'État construit, a des ateliers : il loge, il habille et nourrit des hommes. Et tu dis que ça ne marche pas.

Le délégué. — Non. Ça ne marche pas.

Le déterministe. — Mais alors si tu crois que le gouvernement est détestable et inintelligent, que les hommes d'État sont plus faillibles que les autres hommes et obéissent à toutes sortes de corruptions, d'influences et de passions ; que l'administration est lourde, onéreuse et arriérée, tu devrais demander que le gouvernement fût éliminé de plus en plus de la direction de la vie sociale et que l'administration eût un champ d'action de plus en plus restreint.

Le délégué. — C'est ce que je veux !

Le déterministe. — Tu veux précisément le contraire, car tu demandes que ce gouvernement odieux, cette administration détestable, règlent tous les détails de la vie économique du pays : tu multiplies leurs attributions ; tu les charges de penser, de prévoir et d'agir pour toi, ces hommes d'État et ces administrateurs que tu combles de ton mépris !

Le délégué. — Ah ! mais ce ne seront pas les mêmes. Ceux qui gouverneront, ce seront les nôtres, ce seront les bons.

Le déterministe. — Et tu crois qu'ils ne commettront pas d'abus, qu'ils ne donneront de privilèges à personne, qu'ils ne feront point d'injustices, qu'ils auront la science infuse, qu'ils uniront dans leur gouvernement et leur administration la vertu de Marcus-Aurèle à l'esprit d'ordre de Colbert et à l'initiative de Napoléon ?

Le délégué. — C'est peut-être beaucoup.

Le déterministe. — Oui, mais cependant ce ne serait pas trop exiger pour mettre en mouvement ton organisation qui ne peut marcher que par miracles. Malheureusement on a vu comment tes chefs et tes amis savent administrer et gouverner.

Le délégué. — Quand ?

Le déterministe. — Pendant la Commune, par exemple.

Le délégué. — C'était une époque de guerre.

Le déterministe. — Soit. Mais est-ce que tout est parfait à la Bourse du travail ? est-ce qu'il n'y a pas eu des grattages du grand

Yves Guyot

livre ? est-ce que les membres de la commission exécutive et du comité ne provoquent jamais de plaintes de la part de leurs administrés et n'ont jamais de difficultés entre eux ?

LE DÉLÉGUÉ. — Oui, quelquefois, mais ça ne fait rien.

LE DÉTERMINISTE. — Et si vous aviez le pouvoir, est-ce qu'il n'y aurait plus de partis parmi vous ? vous seriez tous unis ? pas de divergences ? jamais de discussions ?

LE DÉLÉGUÉ. — Pas comme les bourgeois.

LE DÉTERMINISTE. — En effet quand le 28 mai, les marxistes, les allemanistes, les broussites, les blanquistes, se trouvent au Père-Lachaise, ils semblent complètement d'accord, mais pour s'injurier et se battre. C'est un avant-goût qu'ils nous donnent de l'ère de paix et de bonheur dont nous jouirions si, un jour, la vie économique de chacun de nous devait être réglée par eux.

LE DÉLÉGUÉ. — Ça ne fait rien. Laissez-nous faire. Vous verrez comme ça marchera.

LE DÉTERMINISTE. — Au nom de la méthode d'induction, je m'y oppose. Les expériences passées et les faits que je constate tous les jours me donnent assez de méfiance pour que je ne sois point disposé à remettre entre vos mains l'effroyable despotisme que réclament vos programmes. Je ne veux pas plus aliéner ma liberté économique que ma liberté politique ; et elles sont inséparables.

## LIVRE II : SOPHISMES SOCIALISTES

Ayant constaté que le programme socialiste, loin d'être un progrès ne représente qu'une régression vers des types de civilisations antérieures et inférieures, il nous reste à nous demander à l'aide de quels sophismes, par suite de quelles erreurs de méthode, les auteurs de ce programme peuvent le présenter, les disciples s'y rallier avec une passion jalouse et farouche.

Nous empruntons l'énumération de ces sophismes aux déclarations de principes des congrès de Gotha et d'Erfurt que nous avons reproduits plus haut, afin qu'on ne puisse pas nous accuser de défigurer les idées socialistes pour les réfuter plus facilement. Nous sommes toutefois obligés d'y ajouter quelques-unes des maximes, plus ou moins explicitement empruntées aux socialistes française de 1848, et qui sont devenues des arguments courants.

## CHAPITRE PREMIER
### Travail et richesse.

Emprunt à M. de Saint-Cricq. — Confusion. — Le travail n'est qu'un moyen. — La loi du moindre effort. — Définition du capital. — Capital fixe et capital circulant. — Définition de la valeur.

Nous trouvons en tête du programme de Gotha cette phrase :

« Le travail est la source de toute richesse et de toute civilisation, et comme un travail profitable à tous n'est possible que par la société… »

Cette phrase semble empruntée au vocabulaire protectionniste et tout particulièrement à M. de Saint-Cricq : « Le travail constitue la richesse d'un peuple. » Les protectionnistes de la Restauration aussi bien que ceux de nos jours font la même confusion que s'ils confondaient l'outil avec le produit. Si le travail constituait la richesse d'un peuple, il suffirait de faire du travail pour le travail et on s'enrichirait indéfiniment. Or, des faits quotidiens nous démontrent que le travail le plus acharné peut être improductif et que bien loin d'enrichir celui qui s'y livre, il peut le laisser ruiné et épuisé. Le travail représente l'effort :*et la loi du moindre effort,* vraie en matière économique comme en linguistique, pousse l'homme à employer son travail pour diminuer son travail dans la suite. S'il construit des outils, des barques, des routes, des ponts, c'est afin, une fois cet effort considérable accompli et qui devient de plus en plus considérable comme le prouve le puissant outillage de nos jours, d'obtenir plus aisément un certain nombre de services. Et qu'est-ce que ces outils, depuis la pierre, la hache, le marteau jusqu'à l'appareil le plus puissant et le plus perfectionné, sinon le capital ?

Le capital, c'est l'homme augmenté de tous les agents naturels qu'il a soumis à son usage.

Nous disons, contrairement à certains économistes qui font de la terre un capital spécial :

*Est capital, toute utilité appropriée par l'homme.*

De plus nous distinguons deux sortes de capitaux. Les uns, comme la maison, le champ, le marteau, la charrue, la turbine, le navire, etc. ne peuvent nous donner d'utilité qu'à la condition de rester maison, champ, marteau, de ne pas changer de caractère.

Les autres, au contraire, comme la houille pour celui qui a un foyer à chauffer, le blé pour le meunier, la farine pour le boulanger, toutes les matières premières en un mot, y compris les aliments qui sont le combustible de l'homme, ne produisent d'utilité pour ceux qui les emploient qu'à la condition de se transformer. De même le produit, pour le fabricant ou pour le marchand, ne lui procure d'utilité qu'à la condition de se transformer en monnaie ou autre valeur.

Il y a donc deux sortes de capitaux.

*Le capital fixe est toute utilité dont le produit ne change pas l'identité.*

*Le capital circulant est toute utilité dont le produit change l'utilité.*

Ou autrement :

*Le capital fixe, c'est l'outil.*

*Le capital circulant, c'est la matière première et le produit.*[1]

Et qu'est-ce que la valeur : *C'est le rapport de l'utilité possédée par un individu aux besoins d'un autre individu.*

## CHAPITRE II
### Des limites de la société collectiviste.

La société. — Qu'est-ce ? — Est-ce toute l'humanité ? — À quels groupes s'appliquent les programmes collectivistes ? — *Credo quia absurdum.*

---

1 V. Menier. *Impôt sur le capital.* — Yves Guyot : *La Science économique.* La monnaie est également un capital circulant.

Le programme de Gotha dit :

Comme un travail profitable à tous n'est possible que par la société, c'est à la société, c'est-à-dire à tous ses membres que doit appartenir le produit général du travail, avec obligation pour tous de travailler.

La société ? mais qu'est-ce que la société ? quelle est cette société ? est-ce l'humanité tout entière ?

On serait en droit de le croire d'après votre formule : « L'affranchissement du travail exige la transmission des instruments du travail de la société tout entière… » Tout entière ? vous entendez bien : et en effet, il doit bien s'agir de la société tout entière, car autrement il y aurait des déshérités du bonheur commun, des privilégiés et des spoliés.

Mais alors cette organisation engloberait le Mogol errant du désert de Gobi, le Fuégien de la Terre de feu, le Touareg du Sahara, les nègres de l'Afrique centrale et les Papous de la Nouvelle-Guinée ; et ils auraient leur part dans la distribution « du produit général du travail. »

Si le socialiste prétend que le lui fais dire des absurdités, je lui réponds que je ne les lui prête pas, mais que je les lui emprunte et que l'interprétation logique de son texte est bien celle que je viens de donner.

Soit, j'accepte que l'ambition des socialistes de Gotha soit plus modeste et qu'ils aient mis le mot « société » seulement par hypocrisie pour ne pas se servir du mot « État ». Mais je leur pose cette question : qu'est-ce que « la société » dont vous parlez ? Votre société est-elle l'expression géographique et politique désignant un groupe d'êtres humains dont le nombre et la situation sur la mappemonde ont été déterminés par les hasards des guerres ? L'Allemagne est-elle une société homogène dans votre conception collectiviste, malgré les traditions particularistes de ses provinces ? Allez-vous constituer une seule société collectiviste en Autriche, avec ses Allemands, ses Hongrois, ses Tchèques, ses Polonais ? Le Danemark constitue-t-il une société collectiviste ? et la Russie dans l'étendue de ses frontières, du détroit de Behring à la Baltique, doit-elle se charger « d'imposer à chacun de ses 113 millions d'habitants la tâche à faire » et de lui donner ensuite « la part nécessaire à la

Yves Guyot

satisfaction de ses besoins raisonnables ? »

Ce problème, que les socialistes de Gotha et d'Erfurt aussi bien que les socialistes français se gardent d'aborder, vaut cependant la peine qu'on s'y arrête ; car si le communisme est possible pour un couvent, il devient un autre problème quand il s'agit de l'appliquer à des millions et à des millions d'êtres, n'ayant ni le même degré de civilisation, ni les mêmes habitudes, ni la même conception de la vie.

Nous signalons, en passant, ces petites difficultés, mais nous savons bien qu'elles n'arrêteront pas les fanatiques du collectivisme. *Credo quia absurdum,*a dit Tertullien.

### CHAPITRE III
### La loi de l'offre et de la demande.

Abroger la loi de l'offre et de la demande. — La responsabilité de Newton. — Définition de la loi de l'offre et de la demande. — Son universalité. — Son application au travail. — Le travail est une marchandise. — La grève est un accaparement de travail. — La loi de l'offre et de la demande, d'après Cobden.

Aux yeux du collectiviste, ces difficultés sont évidemment des quantités négligeables à l'égard du but qu'il s'agit d'atteindre : — la suppression de la loi de l'offre et de la demande.

Un jour, dans une réunion électorale, quelqu'un me reprocha amèrement d'être partisan de cette loi. Il se figurait, le brave homme, que la loi de l'offre et de la demande était inscrite au *Bulletin des lois* et que je l'avais votée…

Mais je croyais qu'il était seul imbu de cette idée, quand dernièrement parlant de cette loi à plusieurs socialistes, l'un d'eux me dit ;

— Alors, vous ne voulez donc pas l'abroger, cette loi abominable !

De ces deux faits, je suis bien obligé de conclure que non seulement l'ignorance des principes économiques, mais même de l'idée d'une loi scientifique, est beaucoup plus grande que je ne l'imaginais : constatation qui doit nous rendre pleins d'indulgence pour les erreurs que nous voyons proférer chaque jour, mais qui, en même temps, nous donne le droit d'inviter ceux qui parlent avec tant de mépris des vils économistes et présentent avec tant d'assurance des plans de bouleversement social, à commencer par apprendre l'A, B, C, des questions qu'ils traitent.

La loi de l'offre et de la demande n'a été promulguée dans aucun code. Elle est autrement puissante. Elle s'impose à l'homme d'une manière aussi implacable que la faim et que la soif. Il y obéit, qu'il le veuille ou non, alors même qu'il s'imagine la violer. Si le socialiste excommunie et injurie l'économiste qui formule cette loi, il devrait aussi rendre Newton responsable de toutes les tuiles qui tombent sur la tête des passants, et déclarer que si un malheureux, en se jetant par la fenêtre, se tue, c'est de la faute des physiciens qui ont déterminé et enseignent la loi de la pesanteur.

Puisqu'il y a encore tant de gens qui ignorent la loi de l'offre et de la demande, il est utile de la rappeler.

*L'offre est le désir pour un individu, en échange des utilités qu'il possède, de se procurer des utilités d'une autre nature.*

*La demande est le désir, joint aux moyens d'achat, de se procurer une utilité quelconque.*

*La valeur d'une utilité est en raison inverse de l'offre et en raison directe de la demande.*

Quand il y a plus d'offre d'une marchandise que de demande de cette même marchandise, les prix baissent. Ils augmentent dans le cas contraire.

Je demande au socialiste qui veut abroger la loi de l'offre et de la demande, s'il peut citer un fait qui la contredit. Quand il a vu offrir des blés, des vins, du bois, des machines en plus grande quantité que les consommateurs n'en demandaient, en a-t-il vu les prix s'élever ou baisser ?

Que font les protectionnistes quand ils demandent des tarifs de douanes pour arrêter tel ou tel produit à la frontière ? Ils font acte de foi à la loi de l'offre et de la demande. Car ils ont pour but de raréfier l'offre, de manière à relever les prix des objets qu'ils veulent protéger.

Tu as beau, socialiste, maudire la loi de l'offre et de la demande ;

Yves Guyot

non seulement, tu l'appliques, tous les jours, dans les achats qui sont nécessaires à ton existence, quand tu marchandes ton vin, ton pain, ta viande, ton loyer, tes vêtements, mais tu l'appliques encore quand tu es vendeur au lieu d'être acheteur.

LE SOCIALISTE. — Allons donc ! je ne suis jamais vendeur, puisque je n'ai rien à vendre.

L'ÉCONOMISTE. — Quand tu livres ton travail, que fais-tu donc ? N'exiges-tu pas un salaire ? Ne fais-tu pas un contrat verbal ou écrit qui s'appelle le contrat de louage ? Tu vends ton travail comme l'épicier vend son sel, son café et son sucre, comme le boulanger vend son pain, comme le boucher vend sa viande.

LE SOCIALISTE. — Ce n'est pas la même chose, je ne livre pas un objet.

L'ÉCONOMISTE. — Non, mais tu rends un service. Le chemin de fer qui te transporte d'un endroit à un autre ne te livre pas un objet non plus, mais il te rend un service. Le médecin qui te soigne, l'avocat qui plaide pour toi, perçoivent un salaire parce qu'ils te rendent un service. Tu loues ta force, musculaire ou intellectuelle, moyennant une rémunération. C'est le louage de force et d'habileté professionnelle que nous appelons le contrat de travail. C'est une marchandise comme une autre qui subit, comme tous les objets ou services qui font l'objet de contrats et d'obligations, la loi de l'offre et de la demande.

LE SOCIALISTE. — Quand tu me répéterais cela sur tous les tons, tu ne me convertiras pas, puisque je te dis que je ne l'admets pas.

L'ÉCONOMISTE. — Et si je te prouve que tu es le premier, non seulement à reconnaître que le travail est une marchandise soumise à la loi de l'offre et de la demande, mais encore à exiger, quelquefois même par la violence, que tous le reconnaissent ?

LE SOCIALISTE. — Ce serait difficile.

L'ÉCONOMISTE. — Tu veux supprimer le travail des femmes, supprimer les apprentis ou au moins en restreindre le nombre, renvoyer au delà de la frontière les ouvriers étrangers, n'est-ce pas ?

LE SOCIALISTE. — Oui.

L'ÉCONOMISTE. — Chacune de ces propositions est un hommage à la loi de l'offre et de la demande : car chacune d'elles a pour objet de diminuer l'offre du travail et, par conséquent, d'en faire augmenter le prix.

Le socialiste. — Il me faut d'autres raisons pour me convaincre.

L'économiste. — Es-tu partisan de la loi de 1864 qui a permis aux ouvriers de faire grève ? Voudrais-tu revenir au régime antérieur ?

Le socialiste. — Non. Ça ne se demande pas. La grève est un droit.

L'économiste. — Eh bien ! Que fais-tu quand tu fais grève ? Tu retires ton travail du marché. Tu dis à ton patron : Si vous voulez acheter mon travail, il faudra que vous le payiez plus cher. Si tu es habile, tu choisis le moment où il en a le plus besoin pour lui dicter tes conditions. Ce que tu es, le sais-tu ? Tu es un accapareur !

Le socialiste. — Par exemple ?

L'économiste. — Qu'est-ce qu'un accapareur ? C'est un spéculateur qui retire du marché des blés, des vins, du coton, pour faire la hausse sur le prix de ces marchandises et attend pour les vendre que la hausse se soit produite. Toi aussi tu refuses ton travail, tu le gardes pour toi, tu l'accapares pour en faire monter la valeur ; et, que tu veuilles en convenir ou non, tu appliques la loi de l'offre et de la demande.

Cobden a formulé d'une manière pittoresque la manière dont agissent la loi de l'offre et de la demande en matière de salaire.

« Le salaire monte, a-t-il dit, quand deux patrons courent après un ouvrier, il baisse quand deux ouvriers courent après un patron. »

On pourra essayer, par des moyens plus ou moins violents, par toutes sortes de combinaisons plus ou moins ingénieuses, par des lois plus ou moins habiles, inscrites dans nos codes, de fausser cette loi de l'offre et de la demande à l'égard du travail, on ne la changera jamais, parce qu'elle est immuable : toutes les fois qu'il n'y aura pas demande de travail, le meilleur ouvrier sera obligé d'accepter du travail à prix réduit ; toutes les fois qu'il y aura demande de travail, forcément le salaire augmentera.

Yves Guyot

# CHAPITRE IV
## La « loi d'airain » des salaires.

Vous voulez aussi la maintenir. — Sa formule vient de Turgot. — Très atténuée. — Erronée. — Lassalle l'a prise à Ricardo. — Le texte exact de Ricardo. — Cette loi est fausse. — Cause d'élévation et de baisse du taux des salaires. — Le fonds des salaires. — Erreurs. — C'est le consommateur qui règle le taux des salaires. — Le capital ne fait que l'avance du salaire. — Si la loi d'airain était exacte, dans un même milieu, tous les salaires devraient être égaux. — Loi d'airain ! évocation classique. — Les protectionnistes et la loi d'airain. — Moyen de faire baisser les salaires. — Le salaire des ouvriers dépend de la quantité du travail. — Définition du salaire. — *Le salaire est un forfait.*

Le même socialiste qui me reprochait de ne pas vouloir « abroger » la loi de l'offre et de la demande ajouta :

— Vous voulez sans doute aussi maintenir la loi d'airain des salaires.

— Non, répondis-je.

— Ah ! ah ! reprit-il triomphant, vous n'osez pas la soutenir celle-là !

— Je l'ose d'autant moins qu'elle n'existe pas, précisément parce que la loi de l'offre et de la demande existe.

— Cette loi ! cependant tous les socialistes en parlent.

— Eh ! ce ne sont même pas les socialistes qui l'ont inventée. Lassalle a pris cette idée à Turgot et à Ricardo, en lui donnant, pour les besoins de sa polémique, un sens absolu.

Turgot[1] commence par reconnaître que le travail est soumis à la loi de l'offre et de la demande : « Le simple ouvrier, qui n'a que ses bras et son industrie, n'a rien qu'autant qu'il parvient à vendre aux autres sa peine. Il la vend plus ou moins cher : mais ce prix plus ou moins haut ne dépend pas de lui seul. »

Turgot énonce là une vérité incontestable : car jamais le prix d'un objet ou d'un service ne dépend d'une seule personne : le prix est

---

1 *Sur la formation et la distribution des richesses*, § VI.

un rapport entre deux convenances, entre deux besoins, celui de vendre et celui d'acheter : un individu ne se vend pas à soi-même une marchandise pas plus qu'il ne peut acheter son propre travail.

Turgot continue en disant : « Ce prix résulte de l'accord qu'il fait avec celui qui paye son travail. Celui-ci paye le moins qu'il peut. »

Les socialistes auront beau récriminer : ce sont là encore des vérités que les constatations ne feront que rendre plus solides, comme les coups de marteau donnent plus de cohésion et plus de solidité à l'acier.

Le consommateur veut acheter le meilleur marché possible, vendre le plus cher possible. Le consommateur et le producteur de travail n'échappent pas à cette loi générale.

Turgot, d'après l'expérience de son temps, alors que florissaient ces corporation, maîtrises et jurandes qu'il abolit et qui ressuscitèrent après sa chute pour être définitivement supprimées quinze ans plus tard par l'Assemblée nationale, continuait : « Comme il a choix entre un grand nombre d'ouvriers, il préfère celui qui travaille à meilleur marché. Les ouvriers sont donc obligés de baisser le prix à l'envi les uns des autres. En tout genre de travail, il doit arriver et il arrive en effet que le salaire de l'ouvrier se borne à ce qui lui est nécessaire pour lui procurer sa subsistance. »

Turgot considère que l'offre du travail est supérieure à la demande ; il en conclut que le travail tombe à un prix égal à la subsistance.

Comment a-t-il pu établir l'exactitude de ce rapport ? comment pouvait-t-il justifier cette équation ? Est-ce que, même de son temps, la subsistance de tous les Français était égale ? Et maintenant, regardons autour de nous. Est-ce que la subsistance de l'Irlandais qui se content de pommes de terre, du paysan bas breton pour qui une galette de blé noir, frottée d'une tête de sardine salée, est un régal, est comparable à celle de l'ouvrier anglais ou de l'ouvrier de Paris ?

Turgot considérait son affirmation comme une conséquence de la loi de l'offre et de la demande puisqu'il la basait sur cette prémisse, que l'offre detravail dépassant toujours la demande, le consommateur de travail pouvait toujours l'obtenir au prix le plus bas. Mais immédiatement, il l'infirmait : car il en exceptait l'agriculteur « avec qui la nature ne marchande point pour l'obliger

Yves Guyot

à se contenter du nécessaire absolu, » et « qui peut avec le superflu que la nature lui accorde, en plus ou au delà du salaire de ses peines, acheter le travail des autres membres de la société. Il est donc l'unique source des richesses… »

Que nous révèlent ces lignes ? C'est que Turgot a voulu prouver la supériorité du travail agricole sur tout autre travail ; et, à son époque, la thèse n'était pas difficile à justifier. Tous les physiocrates prétendaient que la seule richesse venait de la terre, et parce que, d'une observation incomplète, ils en sont arrivés à cette erreur, s'ensuit-il que l'erreur de Turgot relative au prix de la main-d'œuvre soit une vérité, même si elle a été reprise par Ricardo ?

C'est à cet économiste anglais[1] que Lassalle l'emprunte : « D'après Ricardo, dit-il, la moyenne du salaire du travail est fixée d'après les besoins indispensables à la vie. » Lassalle a altéré le texte de Ricardo, beaucoup moins affirmatif. « Le prix naturel du travail, dit Ricardo,[2] est celui qui fournit aux ouvriers en général le moyen de subsister et de perpétuer leur espèce sans accroissement ni diminution. Le prix naturel du travail dépend donc du prix des subsistances et de celui des choses nécessaires ou utiles à l'entretien de l'ouvrier et de sa famille. »

Ricardo ajoutait encore, comme atténuation à cette proposition : « On aurait tort de croire que le prix naturel des salaires est absolument fixe et constant, même en les estimant en vivres et autres articles de première nécessité. Il varie à différentes époques dans un même pays et il est très différent dans des pays divers. L'ouvrier anglais regarderait son salaire comme très au-dessous du taux naturel et insuffisant pour maintenir sa famille, s'il ne lui permettait d'acheter d'autre nourriture que des pommes de terre et de n'avoir pour demeure qu'une misérable hutte de terre. »

Voilà ce que dit Ricardo. Il y a loin de là à la formule absolue que lui a prêtée Lassalle et dont il a fait « la loi d'airain des salaires. »

Elle n'est vraie ni comme minimum ni comme maximum.

Elle n'est pas vraie comme minimum : car si l'employeur n'a pas besoin de main d'œuvre, il ne s'occupera pas de la nécessité de la subsistance du travailleur ; il ne l'occupera pas et ne le payera pas.

---

1 Né en 1778, mort en 1823.
2 *Principes d'économie politique,* ch. IV.

Elle n'est pas vraie comme maximum : car l'employeur paye le travailleur, non d'après les convenances de celui-ci, mais d'après l'usage qu'il peut faire de son travail, d'après la demande qui lui est faite des produits qu'il livre. En réalité, ce n'est ni l'employeur, ni le travailleur qui règlent le prix du travail : c'est un troisième personnage qu'on a l'habitude d'oublier et qui s'appelle le consommateur.

Que l'employeur produise un objet qui ne réponde pas à des besoins ou qui, par son prix, soit hors de la portée des besoins qu'il pourrait satisfaire, il ne pourra pas donner de salaires, ni au-dessus ni au-dessous du prix des subsistances à des travailleurs, par cette bonne raison qu'il ne pourra pas produire et, par conséquent, qu'il n'emploiera personne.

Si l'employeur produit des objets très demandés, et qui ne pourront être faits que par un nombre de travailleurs limités, les travailleurs pourront exiger une rémunération très élevée.

Certains économistes avaient imaginé « un fond des salaires, » une somme disponible dans la société pour la rémunération des travailleurs : il n'en est rien. Les salaires ne dépendent pas du capital que peuvent posséder les employeurs. Ce capital ne manquerait pas d'être vite absorbé et dévoré, s'il devait faire face aux salaires.

Les salaires sont payés par le client de l'industriel, par l'acheteur de blé ou d'avoine pour l'agriculteur, de fer ou d'acier, pour le métallurgiste, de coton ou de laine, pour le manufacturier en étoffes. Le producteur ne fait que l'avance du salaire comme il ne fait que l'avance de l'impôt. Celui qui paye en dernier ressort, c'est le consommateur : et le salaire varie d'après ses besoins et non d'après la volonté de l'employeur.

Que les dentelles de Calais cessent de plaire aux dames qui en font usage, et les salaires des ouvriers denteliers tombent à zéro ; qu'elles leur plaisent, ils ont des appointements de chefs de bureau.

Que la mode abandonne les soieries, les salaires de l'ouvrier lyonnais, si habile qu'il soit, tomberont, et ne remonteront que lorsque les dames de France, d'Angleterre, des États-Unis feront de nouveau appel à ses produits.

Comment les socialistes qui font de « la loi d'airain des salaires », un article de foi, ne se sont-ils pas demandé si elle existe, pourquoi tous les salaires, dans un même milieu, ne sont-ils pas égaux entre tous les travailleurs ? Le prix du pain et de la viande, pour un ouvrier typographe, n'est pas plus élevé que pour un manœuvre ; pour un mineur que pour un laboureur ; pour un ciseleur que pour un terrassier. Comment donc, si « la loi d'airain » est vraie, ont-ils des salaires inégaux ? Et si vous y croyez, socialistes de la Bourse du travail, comment se fait-il donc que vous acceptez les distinctions établies dans la Série de la ville de Paris et, au lieu de demander un taux uniforme et égale pour tous, admettez-vous que le servant du maçon ait un salaire inférieur au ravaleur ? Dans les mines, en 1890, le piqueur gagnait 5 fr. 04, l'ouvrier d'état 4 fr. 41, le manœuvre au fond 3 fr. 58 et à l'extérieur 3 fr. 21 ? Le Congrès de Tours a beau demander l'égalité des salaires : qu'il la fasse donc accepter par le ravaleur ou par le piqueur !

« La loi d'airain des salaires » n'a jamais été qu'une métaphore. Pourquoi « d'airain ? » pourquoi pas de bronze ? pourquoi pas « d'acier » ? Elle serait plus inflexible. Serait-ce parce qu'Hésiode[1] a fait la race d'airain, violente et farouche. O puissance de la métaphore qui prouve combien les socialistes ont l'esprit classique, dans l'acception que donnait Taine à ce terme, et sont prêts à se payer de mots ! Ils croient que cette évocation est une loi économique, quoique Liebneckt cependant l'ait, au congrès de Halle (1890), l'ait reléguer dans le bric à brac des antiquailles.

Mais nous avons entendu des protectionnistes (mars 1887) invoquer cette prétendue loi d'airain comme un argument en faveur des droits sur les blés et la viande. — Du moment, disaient-ils, que le salaire correspond au prix des subsistances, il suffit d'élever le prix des subsistances pour faire monter le salaire. — Voilà la question sociale résolue. D'après les partisans de cette thèse ingénieuse, les salaires des ouvriers anglais auraient été plus élevés sous le régime des *corn laws* que depuis le régime de la liberté !

Ils ne s'aperçoivent pas que ce système est, au contraire, le plus propre à faire baisser les salaires : car plus les subsistances sont chères, plus le consommateur doit y consacrer une part importante de ses ressources, et toute cette part de ressources devient indisponible pour les autres objets : il y a donc diminution de demande des objets fabriqués ; par conséquent, il y a pour la

[1] *Les travaux et les jours.*

main-d'œuvre diminution de ressources, et, comme résultat, baisse des salaires.

Car, il faut toujours en revenir aux principes suivants.

Le salaire des ouvriers dépend de la quantité du travail demandé. Quand il n'y a pas de travail, le salaire tombe ; le salaire augmente, quand il y a augmentation de travail. Pour élever le salaire, il n'y a donc qu'un seul moyen : ouvrir des débouchés, multiplier l'activité industrielle et commerciale du pays.

En définitive, qu'entend-on par salaire ?

Le salaire est un forfait. L'ouvrier qui offre son travail à un commerçant, à un entrepreneur, lui fait le raisonnement suivant : « Je vous livre tant de travail…, vous courez, il est vrai, les risques de l'entreprise…, vous êtes obligé de faire des avances de capitaux…, vous pouvez gagner tant ou perdre…, cela m'importe peu…, je fais mon travail, je vous le livre à un prix de $x$, vous devez me le payer, quoi qu'il arrive. Qu'il vous rapporte des bénéfices, qu'il vous occasionne des pertes, cela ne me regarde pas. »

Un contrat à forfait entre patrons et ouvriers : tel est, le véritable caractère du salaire. C'est en le reconnaissant qu'on arrive à dissiper les équivoques et à éviter toutes les discussions oiseuses et venimeuses.

## CHAPITRE V
### Le salaire intégral.

Le patron parasite. Moyen de faire fortune. — Hypothèses erronées.

D'après les socialistes de l'école de Karl Marx tout patron est un voleur, et ils le prouvent en disant :

— Si, après avoir fait une paire de souliers, je veux la racheter pour le prix qui m'a été payé, cela m'est impossible. La part de bénéfice est prélevée sur mon salaire. Le patron me vole. C'est un parasite qui vit à mes dépens.

Le socialiste compte ce que prélève le patron sur le salaire de chaque ouvrier ; et par ce calcul, il établit qu'il suffit d'avoir beaucoup d'ouvriers pour avoir de gros bénéfices.

Si l'industrie était réduite à cette donnée si simple, il suffirait d'y engager des capitaux et d'embaucher le plus grand nombre d'ouvriers possible pour y faire fortune à coup sûr.

Si les socialistes voulaient bien se donner la peine d'examiner les faits dont ils parlent, ils se seraient demandé pourquoi il y a des industriels qui se ruinent et d'autres qui prospèrent.

Mais les socialistes supposent que le prix des matières premières est toujours le même et qu'il n'y a aucune difficulté à les acheter dans de bonnes conditions.

Ils supposent également que les produits s'écoulent continuellement et régulièrement, sans difficulté, à un taux toujours uniforme.

Ils suppriment enfin les éléments de l'industrie, le taux de l'intérêt des capitaux engagés, l'amortissement de l'outillage, et comme ils ne voient pas le patron à un métier, ils supposent qu'il n'est qu'un fainéant, car ils comptent pour rien le travail de direction sans lequel l'usine ou la manufacture n'existerait pas.

## CHAPITRE VI
### À chacun selon ses besoins.

Quelle est la mesure des besoins ? — Les capacités et les besoins. — Le salaire devrait être en raison inverse de la capacité.

C'est une formule qui a remplacé « à chacun selon ses œuvres. »

Mais quelle est la mesure des besoins ? ils sont aussi indéfinis que la capacité de désirs de l'homme. Chacun peut rêver tous les paradis terrestres à son gré. Il faudra donc que la société, par un moyen quelconque, les lui procure… Ce ne sera pas le régime de l'égalité.

Mais soit, ce n'est pas ce que veulent dire ceux qui se servent de cette formule qui, comme la plupart des formules socialistes, aboutit à l'absurde dès qu'on en tire les conséquences logiques. Ils entendent que les salaires ne doivent pas être établis selon les capacités, mais selon les besoins.

Nous avons déjà montré que les salaires ne dépendaient ni du patron, ni de l'ouvrier, mais du pouvoir d'achat du consommateur.

Si on calculait les salaires d'après les besoins, ce serait l'ouvrier le plus incapable qui devrait avoir le plus fort salaire.

Un malheureux est atteint de bronchite chronique ; il a besoin de salaires d'autant plus élevés qu'il est malade ; qu'il lui faudrait des aliments de premier choix, en abondance, des réconforts de toutes sortes, la possibilité de gagner assez en quelques jours pour pouvoir se reposer ensuite. Où ce malheureux trouvera-t-il jamais non seulement des salaires plus élevés, mais des salaires aussi élevés qu'un ouvrier habile et en bonne santé ?

Le salaire sera toujours proportionné à la capacité productive de l'ouvrier et non à ses besoins.

## CHAPITRE VII
### La suppression du salaire.

Abolition nécessaire du salariat. — Moyens d'y arriver. — Procédés employés. — L'agrément d'être patron. — Tu l'auras voulu, George Dandin !

Le socialiste, *triomphant*. — Ce que tu viens de dire condamne le salaire : car tu viens de reconnaître qu'il ne pouvait tenir compte des besoins. Le patron laissera donc mourir d'inanition le malheureux bronchiteux dont tu parlais. C'est de la barbarie. Il n'y a qu'un remède : supprimer le salaire. M. Lafargue a raison quand il dit à M. Millerand : « Tant que vous n'aurez pas aboli le salariat, vous n'aurez rien fait. »

L'économiste. — Et alors tu crois que la suppression du salaire donnerait du travail à ce malheureux et qu'il trouverait plus facilement à vivre ? Est-ce que sa faculté productive en serait augmentée ?

Le socialiste, — Les autres travailleraient pour lui.

L'économiste. — C'est ce qui a lieu déjà : et le rôle de l'assistance publique est de venir au secours des malheureux qui ne peuvent vivre par leur travail. Mais ceci est une toute autre question qui n'a de rapport avec la production que le poids dont elle la charge. Elle est en dehors de la fixation du taux des salaires.

LE SOCIALISTE. — C'est pour cela qu'il faut le supprimer. Pour les vrais socialistes, pas de doute sur ce point. Karl Marx l'a prouvé. La suppression du salaire ! Tant qu'elle ne sera pas obtenue, il n'y a rien de fait !

L'ÉCONOMISTE. — Eh bien ! tes amis et toi, vous travaillez parfaitement, en ce moment, à cette suppression et vous y arriverez certainement, mais d'une autre manière que tu ne l'imagines.

En attendant le grand bouleversement final, le patron doit s'attendre tous les jours à voir la législation intervenir dans ses affaires et en changer les conditions. Par la suppression du travail de nuit des femmes, on a diminué la puissance de production et alourdi l'amortissement de certaines manufactures de plus d'un tiers, ce qui est une singulière manière de favoriser l'accès de l'industrie aux petits capitaux et de développer notre puissance industrielle. La loi sur l'assurance obligatoire en cas d'accidents va encore ajouter une nouvelle surcharge au poids déjà si lourd que l'industriel doit supporter en France, ce qui lui permettra sans doute de lutter plus aisément contre la concurrence étrangère. Il est, en ouvre, soumis à toutes sortes d'inspections qu'on veut encore multiplier, et la majorité de la Chambre des députés a adopté la loi Bovier-Lapierre en vertu de laquelle tout patron qui renverra un ouvrier syndiqué passera en police correctionnelle, comme un vagabond, et sera condamné à l'amende et à la prison. Le congrès de Tours demande qu'il soit soumis à la surveillance d'inspecteurs, élus par les ouvriers, et qu'il soit puni « s'il a fait travailler plus de huit heures et au-dessous des taris des syndicats. » Les ouvriers, membres des conseils de prudhommes, prêtent le serment de toujours condamner les patrons, érigeant en doctrine la partialité en matière de justice. Les patrons sont obligés de supporter, dans leurs ateliers, la présence de gens qui n'ont que des injures et des paroles de haine contre eux. Ils ont la perpétuelle inquiétude de la grève, qu'ils ne peuvent prévenir par aucun moyen ; et une fois déclarée, ils sont en butte à des menaces de mort. Ils doivent faire évacuer leurs femmes et leurs enfants : le moindre risque qu'ils courent, c'est le pillage et le bris d'une partie de leur matériel. Des députés viennent se mettre à la tête des grévistes pour protéger ces désordres. Les ministres, les préfets interviennent et ont peur qu'on ne les accuse de favoriser les patrons. Si quelque magistrat fait son devoir en poursuivant des coupables de droit commun, à la première occasion, on s'empresse de les gracier, et les criminels reviennent en triomphateurs. Si le patron se ruine, il perd non seulement ses capitaux, ceux de ses commanditaires, mais il est encore déshonoré et devient une misérable épave. S'il s'enrichit, il entend dénoncer sa fortune dans certains journaux, dans des réunions, à la tribune et on lui promet qu'on saura bien lui faire rendre gorge.

Crois-tu que, dans ces conditions, la position des patrons soit si pleine d'attraits qu'elle doive disposer beaucoup d'hommes à engager leurs capitaux et leur existence dans l'industrie ? Est-elle donc si tentante que les parents d'un jeune homme, entrant dans la vie, doivent l'encourager à jouer cette terrible partie ?

Et alors si les jeunes gens actifs et énergiques, ayant ou pouvant se procurer des capitaux, sont éloignés de l'industrie par les exigences socialistes, sais-tu que tu arriveras parfaitement à ton but, mon cher socialiste ? oui, les salaires seront supprimés, parce qu'il n'y aura plus de patrons pour en donner, parce qu'il n'y aura plus d'usines pour t'employer, parce que tu auras beau offrir ton travail, personne ne se trouvera pour l'acheter… Et tu l'auras voulu, George Dandin !

## CHAPITRE VIII
### Les machines.

La haine des machines. — Caractère de la machine. — Son influence sur le salaire. — Augmente la capacité productrice de l'homme. — Augmente le nombre des employés. — Arkwrigh et son métier. — Les chemins de fer et les diligences. — *La valeur de l'homme est en raison de la puissance de l'outil.*

Les machines ! on les a représentées comme devant jeter tous les ouvriers dans la misère. Proudhon n'a-t-il pas été jusqu'à demander que l'on enfermât les nouveaux modèles pendant plusieurs années au conservatoire des Arts et Métiers avant d'en permettre l'emploi !

Yves Guyot

Des foules en délire n'ont-elles pas voulu détruire les chemins de fer ?

On ne va pas jusque là, maintenant, mais enfin, on récrimine encore.

Peut-on nier aujourd'hui les services que nous rendent les machines ? Les chemins de fer ne sont-ils pas préférables aux diligences ?

Les machines, c'est tout ce qui est en plus de nos mains et de nos ongles... C'est le perfectionnement de l'outil ; or, la valeur de l'homme est en raison de la puissance de l'outil.

Si les gens qui prétendent que les machines sont une cause d'abaissement des salaires avaient raison, les salaires devraient être plus bas dans notre siècle qu'au siècle dernier.

Quand l'emploi d'une machine vient, à un moment donné, déplacer la main-d'œuvre, il peut, en effet, y avoir une crise locale. Mais cette crise ne sera que temporaire. C'est la crise de toute croissance, de toute transformation ; c'est l'effort qui s'attache à toute lutte. Il n'y a pas de progrès sans déplacement d'intérêts : c'est la conséquence, aussi bien au point de vue du capital qu'à celui du travail, de toutes les évolutions économiques qui peuvent se produire dans l'humanité.

Lorsqu'une machine s'introduit dans une industrie, elle peut provoquer une dépression partielle et enlever à des ouvriers le travail auquel ils étaient habitués, les forcer à chercher ailleurs leurs moyens d'existence ; c'est ainsi qu'un nouveau produits tue un produits ancien, comme les couleurs dérivées de la houille se sont substituées à la garance. Ce que nous devons considérer en retour, c'est l'augmentation de l'utilité générale.

Examinons la question au point de vue des salaires.

Un manœuvre, qui traîne une brouette, va, avec cette brouette, déplacer dans sa journée quelques mètres cubes de terre. Forcément, son salaire ne peut prélever sur l'ensemble de son travail qu'une somme extrêmement minime relativement au nombre de mètres cubes qu'il déplace.

Un mécanicien de chemin de fer peut, dans un train de marchandises, traîner 70 wagons de 10 tonnes chacun et parcourir dans sa journée 300 ou 400 kilomètres. Il est évident que le salaire du mécanicien, qui sera le double, le triple, le quadruple du salaire du manœuvre, sera minime relativement à la valeur du service qu'il rend. Ce même mécanicien peut conduire un train de 24 wagons de voyageurs ; il est certain qu'il n'exercera qu'un prélèvement très faible relativement à la valeur du transport. Il peut toucher facilement un salaire de 3, 4 à 5.000 francs, sans compter d'autres avantages.

Il serait absolument impossible à un industriel, à un entrepreneur de terrassement de donner un pareil salaire à l'ouvrier dont le travail, pour prendre notre exemple, consiste uniquement à traîner une brouette.

Retenez bien ceci : plus une machine est capable d'efforts puissants, plus les ouvriers qui y sont attachés peuvent recevoir un salaire élevé, parce que le taux de leur salaire diminue relativement à l'effet utile de la machine. Ainsi, l'ouvrier mineur qui se sert de la dynamite pour extraire de la houille peut recevoir un salaire plus élevé que s'il ne pouvait l'extraire qu'avec son pic. Contrairement aux assertions de Lassalle et aux préjugés courants, tout instrument qui augmente la production a une influence heureuse et féconde sur le salaire.

En 1760, quand Arkwright prit son premier brevet d'invention pour sa machine à fileter, il y avait alors en Angleterre 5.200 fileuses au petit rouet et 2.700 tisseurs, en tout 7.900 personnes employées à la filature.

Des coalitions se formèrent contre sa machine, parce qu'on prétendait que sa généralisation allait enlever le pain aux ouvriers.

Savez-vous combien il y a aujourd'hui d'ouvriers employés dans les filatures anglaises ? 500.000 ! Donc loin de diminuer le nombre des fileurs, les machines l'ont augmenté dans la proportion de cent pour un. Les chemins de fer ont ruiné les diligences, c'est vrai : mais aujourd'hui les employés des compagnies de chemins de fer, sont au nombre de 230.000 !

J.-B. Say a fait une démonstration frappante de la plus-value que les machines donnent au travail.

Supposons que 300.000 francs soient employés dans une manufacture : un tiers en matières premières et deux tiers en salaire.

Le manufacturier trouve une machine qui économise la moitié des salaires. Laissera-t-il improductif les 100.000 francs économisés ? Non, il diminuera le prix de ses produits proportionnellement, — par conséquent il en augmentera la consommation, et cette augmentation provoquera l'activité de son usine, donc une nouvelle demande de main-d'œuvre. S'il ne peut employer cette somme à son usine, il la déposera à dans une banque, il l'emploiera en commandite, et ce capital, ainsi disponible, servira à provoquer de nouvelles entreprises qui réclameront une augmentation de l'effort humain.

On peut dire : *la valeur de l'homme est en raison de la puissance de l'outil.*

## CHAPITRE IX
### L'excès de production.

Forces productives trop grandes. — La production surabonde. — Personne ne s'en aperçoit. — Au contraire. — *Ce n'est pas le désir de consommer qui fait défaut, mais le pouvoir de consommer.* — D'où provient la pléthore momentanée et limitée de certains produits.

Cependant en dépit des faits que nous venons de citer, le manifeste du congrès d'Erfurt dit : « L'outil se transforme en machine… Toujours plus considérable devient l'armée des ouvriers superflus. — Les forces productives de la société sont devenues trop grandes. »

Ce ne sont point les socialistes qui ont inventé ces récriminations, elles sont dues aux protectionnistes qui, depuis plus de trois quarts de siècle, ne cessent de pousser ce cri : la production surabonde ! S'ils avaient pu réaliser leurs desiderata, ils l'auraient arrêtée au chiffre où elle se trouvait vers 1820 et l'auraient même fait rétrograder. En serions-nous mieux ?

LE DÉLÉGUÉ. — Il y a excès de production.

L'ÉCONOMISTE. — Tu crois ? considères-tu que des souliers sont utiles ?

LE DÉLÉGUÉ. — Oui.

L'ÉCONOMISTE. — Ta femme, tes enfants, toi, vous n'êtes jamais obligés d'économiser sur la chaussure ?

Le délégué. — Hélas ! si.

L'économiste. — Tu vois donc bien que la chaussure ne surabonde pas, puisque tu n'as pas autant de souliers que tu le voudrais.

Le délégué. — C'est parce que mon salaire est insuffisant.

L'économiste. — En un mot, tu voudrais bien être plus riche.

Le délégué. — Oui.

L'économiste. — Pour te procurer des souliers en plus grand nombre.

Le délégué. — Oui.

L'économiste. — Et il ne s'agit pas seulement de souliers. Tu économises aussi sur tes vêtements. Tu n'as pas autant de linge qu'il te serait utile. Enfin, sur ta table, on est obligé de calculer la quantité de viande que l'on mange ; le vin est rationné ; ton logement n'est pas aussi confortable que tu le désirerais. Et de quoi te plains-tu si amèrement, sinon de ce que tes ressources ne sont pas suffisantes pour tes besoins ?

Le délégué. — C'est vrai.

L'économiste. — Il y a beaucoup de gens qui ont des revenus supérieurs aux tiens et qui répètent aussi sur tous les tons ; — Que je voudrais bien être plus riche ! La dame voudrait bien une robe de soie de plus, les jeunes filles de nouvelles toilettes. La production ne surabonde donc pas, pour cette dame, ni pour ces jeunes filles, puisque leurs besoins dépassent leur puissance de les satisfaire. La production ne surabonderait que si chacun était si bien rassasié que personne n'eût plus rien à désirer : chimère évident, car la capacité du désir est illimitée.

Le délégué. — Vous parlez de choses de luxe.

L'économiste. — Tu appelles du luxe plus de viande et plus de vin ?... Mais crois-tu que les chaussettes soient du luxe pour les hommes ?

Le délégué. — Elles sont considérées comme telles pour les militaires.

L'économiste. — Cela prouve que l'armée qui est cependant

un si bel exemple d'organisation collectiviste... ne présente peut-être pas l'idéal du confort. Mais crois-tu que les bas soient du luxe pour les femmes ? crois-tu que les mouchoirs de poche soient du superflu ? Penses-tu que la chemise doive être reléguée parmi les objets inutiles ?

LE DÉLÉGUÉ. — Parbleu ! non.

L'ÉCONOMISTE. — Eh bien ! sur les 350 millions d'habitants qui peuplent l'Europe crois-tu que tous aient des mouchoirs de poche, des chaussettes, des bas, des chemises en quantité suffisante ? Il y en a pour qui ces objets sont encore un luxe. Et sur les 110 à 120 millions d'habitants des deux Amériques, combien n'en usent pas encore ! Si nous passons aux 200 millions d'habitants de l'Afrique, aux 800 millions de l'Asie, aux 40 millions de l'Océanie, nous constatons que sur les 1.500 millions d'êtres humains, en chiffres ronds, qui s'agitent sur la surface de la terre, il n'y en a pas 300 millions, moins d'un sur cinq, qui aient une nourriture régulière, des vêtements et une habitation représentant ce qui est pour toi le minimum de confort indispensable ! Et tu dis que la production surabonde quand la grande majorité de l'humanité est encore dans la misère la plus noire, et n'a ni chemises, ni bas, ni chaussettes, ni mouchoirs de poche !

LE DÉLÉGUÉ. — Cependant les manufactures de Manchester sont encombrées. Celles de la Seine-Inférieure et des Vosges ne trouvent pas à écouler leurs produits.

L'ÉCONOMISTE. — Pourquoi ? parce que les gens qui ont besoin de ces produits n'ont pas de produits à livrer en échange. *Ce n'est pas le désir de consommer qui fait défaut, c'est le pouvoir de consommer.* Et qu'est-ce que le pouvoir de consommer, sinon *le pouvoir d'échanger des produits contre d'autres produits ?* Ce qui fait la pléthore des marchandises sur un point, ce n'est pas l'excès de production de cette marchandise, — pourvu qu'elle corresponde à un besoin, — c'est l'impossibilité pour ceux qui le voudraient, de se la procurer. Ce n'est pas de l'excès de production dont il faut se plaindre, mais de l'insuffisance de production qui empêche l'échange des équivalents.

En un mot, *la pléthore de certains capitaux circulants sur un point ne provient pas de leur abondance, mais de la rareté de leur équivalents, résultant soit du coût de la production de ceux-ci ; soit des obstacles naturels, comme l'espace ; artificiels, comme le protectionnisme et le fisc.*

## CHAPITRE X
### Les crises économiques.

Elles proviennent d'un excès de consommation. — L'agriculteur et la mauvaise récolte. — La crise des chemins de fer. — Répercussion.

Cette fois, ce n'est plus seulement le délégué à la Bourse du travail, le disciple de Lassalle, de Karl Marx qui m'interrompt. C'est toute personne parlant d'économie politique ; et les hommes qui en parlent, sans l'avoir jamais étudiée, sont aussi nombreux que ceux qui donnent des conseils médicaux à leurs parents et à leurs amis. On me dit :

— Vous ne nierez pas que les crises commerciales ne soient dues à un excès de production.

— Je le nie !

— Vous gâtez votre thèse.

— Je ne soutiens pas une thèse : je démontre des vérités, et je vais vous prouver que *les crises économiques ne sont pas dues à un excès de production, mais à un excès de consommation.*

Le blé ne vient pas tout seul dans un champ. Il y faut de la main-d'œuvre qui se paye, le travail de chevaux dont l'entretien et la nourriture sont coûteux, des engrais et amendements, de la semence, enfin toutes choses ayant une valeur. Si la récolte est bonne, il y a remboursement de toutes ces dépenses, plus une certaine rémunération qui est le profit de l'agriculteur.

Quand par suite d'accidents, sa récolte n'est pas suffisante pour compenser les avances qu'il a faites, alors, il a commis *un excès de consommation :* et il n'a pas de produits à échanger contre des machines agricoles, contre des habits, des chaussures, des attelages, etc. Il consomme moins de produits manufacturés, parce qu'il n'a pas le pouvoir de les acheter.

Voilà l'origine d'un grand nombre de crises économiques ; et le déficit qui les provoque est le contraire de l'excès de production.

De même, à quoi était due, par exemple, la grande crise des chemins de fer aux États-Unis ? On a englouti dans des travaux de terrassements, dans les percements de montagnes, dans la construction de viaducs, dans la pose de millions de tonnes de rails, des capitaux considérables. Ces capitaux ont perdu leur pouvoir d'achat. Jusqu'au moment où l'usage de ces voies l'aura reconstitué, il y a eu excès de consommation : et par conséquent crise, crise qui se répercute sur les usine et manufactures qui, elles aussi, ont fait des*excès de consommation* en outillage, en achats de matières premières, en payement de main-d'œuvre, relativement aux débouchés qui se ferment devant elles.

## CHAPITRE XI
### Le bon marché.

Contradiction. — L'évolution économique. — Augmenter toujours la production. — Pas de crainte d'excès.

— Oui, mais il y a d'autres crises, dit-on, des crises qui résultent du bas prix des marchandises, de leur trop grandes abondance. Ainsi n'a-t-on pas été obligé de mettre un droit de 5 francs sur les blés pour rehausser le prix des blés français, autrement l'agriculture ne trouvait plus son compte à cultiver ? Oui, la préparation de la récolte était bien un excès de consommation ; car le bas prix de sa marchandise ne lui permettait pas de récupérer ses avances.

Mais quel est donc le remède, en dehors du droit de 5 francs, qui lui proposent les sociétés d'agriculture, les ministres de l'agriculture et tous ceux qui parlent, plus ou moins officiellement et avec plus ou moins d'autorité au nom de l'agriculture ? ne lui indiquent-ils pas des amendements, de meilleurs semences, de nouveaux modes de culture qui tous doivent avoir pour résultat, s'ils réussissent, d'augmenter la production du blé, de la faire passer de 15 ou 16 hectolitres par hectare à 30 ou 40, d'augmenter l'excès de production et d'en avilir le prix ! Avez-vous entendu un agriculteur dire : le remède, ce serait de diminuer le rendement du blé à l'hectare ?

Non. Tous ont proposé de diminuer le prix de revient de la production, mais comment ? en augmentant cette production !

Tous, en un mot, ont proposé d'avilir le prix du blé, au moment même où par des tarifs de douanes, ils essayaient de faire de la cherté. Cette contradiction ne montre-t-elle pas que, malgré tous les sophismes, là est l'évolution économique : toujours produire à meilleur marché et par conséquent augmenter toujours l'excès de production — en admettant qu'il y ait jamais excès de production de blé, quand, dans l'univers, il y a tant de centaines de millions d'êtres humains qui ne mangent pas à leur appétit !

## CHAPITRE XII
### Jeu de dupe.

L'art de diminuer la production. — Heures de travail. — Fermer les débouchés. — Et la porte au nez. — Machine à produire et machine à vendre. — Singulière fraternité. — Double choc pour le travailleur. — Capacité de crédulité. — Ingratitude.

Je sais, socialiste, que tu es plus logique et que tu t'ingénies à diminuer la production par plusieurs procédés.

D'abord en réduisant la journée de travail à huit heures, tu t'imagines diminuer la production. Mais pourquoi ne demandes-tu pas l'anéantissement des 5 millions de chevaux vapeur qui représentent l'effort de plus de 100 millions d'hommes ? Tu n'oses. Je t'accuse de transiger. Tu n'as pas le courage d'aller jusqu'au bout de tes conceptions. Et puis pourquoi huit heures ? pourquoi pas deux ? pourquoi pas une ? pourquoi pas zéro ? la diminution de la production serait encore bien plus effective — et pour ton plus grand dommage, malheureux.

Mais si tu réduis ta production, tu augmentes le prix de revient ; donc tu fermes des débouchés de ton produit : et par conséquent, tu supprimes du travail pour toi et tes camarades. Ta malice consiste à te fermer au nez la porte de l'atelier, de l'usine et de la manufacture. Ce n'est pas plus pour son agrément que pour le tien que l'industriel produit des objets pour l'usage des autres et non

Yves Guyot

pour le sien. S'il organise une machine à produire, c'est parce qu'il espère bien qu'il aura une machine à vendre supérieure ; et tu veux supprimer cette dernière en augmentant le prix de revient de la marchandise que tu fais. Si tu ne veux pas que la marchandises sorte, alors pourquoi entrerais-tu dans l'atelier ? qu'y ferais-tu ?

Non, seulement tu te mets ainsi dans cette situation mauvaise comme producteur, mais tu te mets aussi dans une situation mauvaise comme consommateur. Vraiment, tu as une singulière manière de manifester tes sentiments démocratiques, en voulant faire de la cherté. Qui frappe-t-elle donc ? sinon tes frères les travailleurs, et leurs femmes et leurs enfants, puisqu'avec la même somme, ils pourront se procurer moins d'objets. Tu commences par prouver ta fraternité à leur égard en réclamant la gêne pour eux, mais tes camarades te témoignent les mêmes sentiments altruistes, en demandant que tu subisses également les effets de cette politique économique. Vraiment tes docteurs et toi, vous avez une étrange façon de comprendre tes intérêts.

Dans cette politique, tu es frappé sur la joue droite comme producteur, et sur la joue gauche comme consommateur. Si tu dis : *Amen,* cela ne prouvera pas la douceur de ton caractère, mais ta capacité de crédulité.

Réfléchis donc que s'il y a quelqu'un qui aies tout à gagner au bon marché, c'est toi.

Tu en profites d'abord comme travailleur : car plus il y a de produits à échanger contre leurs équivalents, plus la consommation grandit : par conséquent, la demande de travail ne cesse pas d'augmenter et ton salaire de s'élever.

Tu en profites ensuite comme consommateur : et à salaire égal, tu peux te procurer plus d'objets à ta convenance. Quand avec 10 francs de salaire, tu peux acheter une paire de souliers que tu aurais payés autrefois vingt francs, ton salaire vaut le double.

Lorsque tu te fais protagoniste de la cherté, tu continues à jouer les Georges Dandin.

Ingrat ! depuis plus d'un demi-siècle, tu n'as pas cessé d'être le favori de cette loi de l'offre et de la demande contre laquelle tu fulmines tes anathèmes !

# CHAPITRE XIII
## La méthode des socialistes.

I. Procédés des docteurs du socialisme. — Proudhon et la philosophie de la misère. — Méthode scolastique. — La mesure de la richesse. — II. *La propriété, c'est le vol.* — Théorie de Ricardo. — Le premier occupant. — Où est-il ? — Où est sa lignée ? — La théorie des causes finales. — Terre fertile pour elle-même. — États-Unis. — Le Hollandais et la loi de Ricardo. — III. Karl Marx et le capital. — Le surtravail. — Le vampire. — Les métaphores. — Le charlatan. — IV. La loi de Malthus. — En quoi elle consiste. — Les faits. — Richesse et population. — États-Unis. — France. — V. L'orthodoxie économique des socialistes. — Méthode scolastique.

Cette revue rapide des sophismes socialistes nous a montré les procédés auxquels ils ont recours. Partant d'une phrase, d'une affirmation empruntées à un économiste, la déformant pour les besoins de leur cause, ils en arrivent, par une série d'argumentations scolastiques, à affirmer que la vie économique du monde est régie par « la loi d'airain des salaires. » La métaphore classique donne à cette conclusion une sonorité qui frappe l'attention et retient le souvenir. De braves gens s'en vont ensuite répéter que s'il y a une vérité indiscutable, c'est « la loi d'airain des salaires », et les mêmes demandent l'abrogation de la loi de l'offre et de la demande.

Si Lassalle s'était donnée la peine d'observer les faits, il n'aurait pas lancé cette « loi d'airain », mais pour des agitateurs de sa nature, la vérité longuement et péniblement acquise par l'observation patiente n'est rien. Ce qu'il faut, ce sont des mots retentissants et pompeux qui étonnent les foules et les agglutinent.

I. — En France, Proudhon a eu recours aux mêmes procédés, pour se donner la joie de faire retourner les badauds en lançant des pétards sous leurs pieds. Comme correcteur d'imprimerie, il avait eu à lire les Pères de l'Église : et toutes ses conceptions en ont gardé l'empreinte. Il prenait, pour point de départ de son grand ouvrage les *Contradictions économiques,* formant deux gros volumes de raisonnements, d'images et d'éloquence, cette question posée par J. B. Say : « La richesse d'un pays étant composée de la valeur des choses possédées, comment se peut-il qu'une nation soit d'autant plus riche que les choses y sont à plus bas prix ? » Alors Proudhon s'écriait : « Je somme tout économiste sérieux de me dire par quelle cause la valeur décroît à mesure que la production augmente. En termes techniques, la valeur utile et la valeur échangeable sont en raison inverse l'une de l'autre… cette contradiction est nécessaire. » Donc plus les peuples travaillent pour s'enrichir, plus ils deviennent pauvres, et il donnait comme sous-titre à son livre : *Philosophie de la misère.*

Proudhon était parti de cet à priori : ôtez l'échange, l'utilité devient nulle. Dans ce système, le parasol de Robinson lui aurait été inutile.

Proudhon a entassé raisonnements sur raisonnements captieux pour se donner le plaisir de frapper sur les économistes. Si au lieu de se livrer à cet exercice, il avait observé les faits, il aurait constaté que la richesse d'un pays se mesure par la valeur de ses capitaux fixes, sol, maisons, usines et par l'abondance de ses capitaux de ses capitaux circulants ; que les premiers ont une valeur d'autant plus grande que les seconds sont plus abondants, et, par conséquent, en vertu de la loi de l'offre et de la demande, à plus bas prix : car, c'est le rapport des capitaux fixes et des capitaux circulants qui constitue la richesse. Comment donc un acheteur estimera-t-il la valeur d'un champ ou d'une usine ? sinon d'après la quantité de produits, c'est-à-dire de capitaux circulants que cette usine ou ce champ peut donner et que lui-même est obligé de donner, sous forme de monnaie, pour l'acquérir.

En me gardant de suivre les docteurs du socialisme dans l'exercice de la métaphore, j'oserai dire cependant que le rapport des capitaux fixes et des capitaux circulants, agit exactement comme un bateau sur l'eau. Quand l'eau monte, c'est-à-dire, est plus abondante, le bateau, le bateau s'élève. Quand l'eau baisse, il baisse. Capitaux circulants abondants, prospérité et richesse. Capitaux circulants rares, décadence et ruine. Loin qu'il y ait antinomie entre l'augmentation de la production et la richesse, il y a étroite corrélation.[1]

II. *La propriété, c'est le vol.* — Proudhon s'est écrié un jour : « la propriété est le vol. » Cette antinomie a fait scandale. Depuis,

---

1 J'ai développé cette thèse avec chiffres et graphiques à l'appui dans ma *Science économique.* Livre III, ch Ier.

les socialistes la répètent sous des formes différentes ; et pour la prouver, que font-ils ? ils invoquent l'autorité de Ricardo que vous avez déjà vu invoquer par Lassalle pour établir « la loi d'airain des salaires. »

La théorie de Ricardo sur la rente est basée sur une naïveté. Il suppose que l'homme se trouve en présence de terres fertiles qu'il n'a qu'à occuper pour qu'elles lui rapportent. Le premier occupant choisit les terres les plus fertiles, en homme avisé. Le second prend les terres moins fertiles, le quatrième, le cinquième, etc., des terres de moins en moins fertiles, qui exigent toutes plus de frais et rendent moins que les terres occupées les premières. La rente est la différence de produit existant entre les terres les plus fertiles et les terres le moins fertiles.

Mais qu'est-ce que ce premier propriétaire qui n'a eu qu'à choisir, lui, pour assurer indéfiniment à sa lignée une rente qui devient d'autant plus forte que, les générations s'accumulant, elles sont obligées d'avoir recours aux terres les moins fertiles ! C'est un spoliateur ! « La propriété, c'est le vol. »

Mais où est-il donc ce premier occupant aussi difficile à trouver que le premier propriétaire inventé par Rousseau ? Et où est donc sa lignée spoliatrice qui a dû se perpétuer quelque part sur la surface du globe et qui doit avoir la plus haute des rentes ? Ricardo, avec des habitudes de formules à priori et de méthode déductive, ne s'est point posé cette question ; les socialistes qui se font une massue de sa loi pour assommer les propriétaires, se gardent bien également de la poser, pas plus qu'ils ne veulent ouvrir leur fenêtre pour voir ce qui passe à la portée de leurs yeux. Autrement ils s'apercevraient qu'en supposant que la terre est fertile pour l'homme, ils en sont encore à la vielle théorie des causes finales, d'après laquelle le soleil est fait pour éclairer l'homme et la mer pour porter des bateaux. En réalité, la terre est fertile pour elle-même : et plus elle est fertile, plus elle est encombrée d'arbres, de broussailles, d'une végétation dont il faut d'abord que l'homme la débarrasse avant de lui faire rapporter une récolte pour lui-même. L'histoire de la colonisation des États-Unis atteste cette vérité : les premiers colons ont d'abord fondé la colonie de Plymouth sur le sol stérile du Massachussets : ils ont suivi les sommets des collines, et aujourd'hui encore, ils n'ont pu soumettre à la culture les fertiles terrains de la basse Virginie et

Yves Guyot

de la Caroline du Nord dont le Marais Terrible forme une partie, parce qu'ils en sont repoussés par les dangers et les dépenses de la mise en culture. Est-ce que le Hollandais qui a conquis ses polders sur la mer, a commencé par s'installer tranquillement sur le terrain le plus fertile ? Si tant de faits, à la portée de l'observation de chacun, démentent la loi de Ricardo, le propriétaire cesse d'être un spoliateur. La terre est un capital dont il loue l'usage comme il loue l'usage de tout autre capital. Il n'a donc droit qu'aux anathèmes que les socialistes adressent à tous les capitalistes ; mais il n'a point le privilège qu'ils veulent lui conférer par Ricardo.

III. — Le procédé de Karl Marx est également un procédé de dialectique. Il prétend que les marchandises n'ont qu'une qualité, celle d'être les produits du travail. Tous les objets sont ramenés à une dépense de force humaine et de travail ; « la substance de la valeur est donc le travail : la mesure de la quantité de valeur est la quantité de travail, mesurée elle-même par le temps de travail. Le capital ne travaille pas, il ne peut pas créer de valeur. »

Karl Mark part de là pour déclarer que tous les bénéfices du capital viennent « du surtravail, du travail accompli en sus du travail nécessaire ». Il représente « le capital comme affamé de surtravail… Le but réel de la production capitaliste, c'est la production de plus-value ou le soutirage du travail extra… Le vampire qui suce l'ouvrier ne le lâche point tant qu'il reste une goutte de sang à exploiter… » Que faire pour empêche ce vampire de sucer ainsi le sang du prolétaire ? Une bonne loi sur la limitation des heures de travail. Rien de plus facile. Mais Karl Marx a préparé cette conclusion par un entassement d'analyses subtiles et embrouillées, agrémentées de métaphores qui frappent les lecteurs, perdus dans l'inextricable confusion de ses démonstrations. « Le capital arrive au monde suant le sang et la boue par tous les pores. » Telle est la conclusion. On ne sait pas bien comment elle est venue ; mais puisque Karl Marx a fait un gros volume pour y arriver, c'est qu'il l'a prouvée. Le capital « sue le sang et la boue ». Voilà ce que retiennent les disciples. Il ajoute que « pour l'économie bourgeoise, il ne s'agit pas de savoir si tel ou tel fait est vrai, mais s'il est utile ou nuisible au capital. » D'un coup, il livre à l'exécration et au mépris tous ces économistes qu'il représente comme les serviteurs du Vampire et du Monstre.

Mais ces procédés de dialectique et de rhétorique, bons pour les naïfs, les ignorants et les badauds, sont le contraire de la méthode d'induction grâce à laquelle toutes les sciences physiques et naturelles ont fait leurs grandes découvertes. Ces procédés, nous les connaissons pour les avoir vu employer par le charlatan empanaché, au langage obscur et emphatique, qui promet une panacée universelle ; et dans ce style, nous entendons comme l'écho de l'orchestre forain qui appelle les badauds à la parade.

IV. — En 1880, certains socialistes, dont je retrouve le nom, de temps en temps, quand il y a une mauvaise besogne à faire, me jeta à la tête, dans une réunion, cette épithète : Malthusien !

Cela fit de l'effet, je ne dois pas le dissimuler. Lui ne connaissait que le mot, et ce mot en imposait. D'autres docteurs du socialisme se servent de la loi de Malthus un peu plus habilement.

La loi de Malthus se résume en cette formule : la population croît en progression géométrique et les subsistances en progression arithmétique.

Population : 1, 2, 4, 8, 16… ; subsistances : 1, 2, 3, 4, 5, etc.

D'après les socialistes qui font usage de la loi de Malthus, la population augmentant toujours plus rapidement que la richesse, l'offre de travail en dépasserait toujours la demande, et, par conséquent, l'ouvrier serait toujours condamnée à la misère.

Seulement Malthus reconnaissait lui-même que, par suite d'obstacles préventifs et destructifs, aucun groupe humain n'en avait prouvé l'exactitude. Cette conception a priori devient d'autant plus inexacte que la capacité productive de l'homme de vient plus grande, comme le prouvent quelques chiffres.

Aux États-Unis, voici le rapport du développement de la population et de la richesse :

|  | Population | Richesse dollars. |
|---|---|---|
|  | ——— | ——— |
| 1850… | 23.191.000 | 7.135.780.000 |
| 1880… | 50.155.000 | 43.642.000.000 |
|  | % | % |
|  | 117 | 526 |

Yves Guyot

Cependant Malthus, n'avait pas fait intervenir dans la loi le coefficient si puissant aux États-Unis qui s'appelle l'émigration.

En France, le rapport en capital des successions constatées et de la population dément, de la manière la plus nette, la loi de Malthus.

| Date de recensement. | Chiffres de la population. | Valeur en capital des succ$^{ns}$const. | Rapport par habitant. |
|---|---|---|---|
| 1826… | 30.461.000 | 1.337.000.000 | 44.28 |
| 1861… | 37.386.000 | 2.462.000.000 | 65.86 |
| 1875… | 36.905.000 | 4.701.000.000 | 127.45 |
| 1891… | 38.343.000 | 5.791.000.000 | 148.00 |

Et les chiffres des successions sont trop faibles, car on ne tient pas compte de la dissimulation des valeurs mobilières.

En Angleterre aussi, où la population s'accroît plus vite qu'en France, la population est loin de suivre le développement de la richesse.

La loi de Malthus est infirmée par l'expérience générale, car si elle était exacte, il y a longtemps qu'il n'y aurait plus un pouce de terre disponible sur notre planète. Mais les socialistes ne manquent pas de l'invoquer comme la « Loi de Ricardo sur la rente et la Loi d'airain des salaires ».

V. — Les socialistes accusent les économistes de former une chapelle, où officient de dociles disciples.

Jamais cependant les économistes, dignes de ce nom, n'ont rendu aux hommes qui sont considérés comme les maîtres et les fondateurs de l'Économie politique, d'hommage lige comme celui que leur rendent les docteurs en socialisme.

Il suffit que Turgot, Adam Smith, Malthus, Ricardo, J.-B. Say aient écrit quelque part une phrase pour qu'immédiatement ils se prosternent devant, la saluent infaillible et s'en emparent comme d'une massue pour crier aux économistes :

— C'est vous qui déclarez que le capital est un vampire et que le propriétaire est un voleur ; et de là, nous partons pour vous déclarer que c'est vous-mêmes qui nous donnez le droit de réparer ces infamies dont vous êtes les auteurs !

Nous, économistes, nous avons une autre méthode à l'égard des maîtres de l'Économie politique. Nous n'acceptons les théories qu'ils ont émises que sous bénéfice d'inventaire, et considérant que la science économique doit employer la méthode d'observation, nous commençons par examiner si elles sont conformes aux faits. C'est des socialistes qu'on pourrait dire qu'ils sont les économistes orthodoxes ; il est vrai que c'est afin de se donner ensuite la satisfaction de devenir des hérétiques ; mais ce procédé ne dévoile-t-il pas combien ils sont arriérés ? est-ce que maintenant, il y a des orthodoxes et des hérétiques en matière scientifique ? Il y a des déterministes qui cherchent à trouver les rapports existant de cause à effet, et qui, lorsqu'ils se trouvent en face d'une hypothèse a priori, essaient tout d'abord d'en vérifier la réalité.

Vraiment les solutions que préconisent les socialistes et la méthode qu'ils suivent sont bien adaptés ; car elles sont également empreintes de l'esprit régressif : cette méthode, c'est elle qui a fait la gloire des disputeurs du moyen âge, et on n'en retrouve plus les haillons que dans les séminaires ; quant aux solutions, nous l'avons déjà prouvé, elles nous présentent comme idéal la régression vers l'état de misère, de barbarie et d'oppression d'âges de l'humanité tels que nous ne pouvons même pas les concevoir, quand nous allons voir des exhibitions de Somalis ou de Dahoméens.

## CHAPITRE XIV
### Les faits au regard des assertions socialistes.

Le surtravail et les salaires de Chicago. — La surproduction et la baisse des salaires. — La loi d'airain et la comparaison du taux du travail. — La loi d'airain et la baisse des prix des objets utiles. — Progression des salaires. — Métallurgie. — Cotons. — Mineurs. — Diminution des heures de travail. — Industrie textile en Italie. — La série de la ville de Paris et l'égalité des salaires. — Progrès du confortable. — La loi de Bastiat. — M. Atkinson. — Loi du travail.

Le capital n'est que le produit du surtravail, affirme Karl Marx : et par conséquent tout capital est un vol fait à l'ouvrier.

Dans une étude entreprise par le bureau du travail de l'État de l'Illinois, sur vingt-six industries représentant les deux tiers des capitaux et des ouvriers employés dans cet État, on a établi le rapport du salaire des ouvriers et des produits.

On trouve, pour 54 établissements de salaisons représentant 53 millions de capital et employant 10.212 ouvriers, un produit brut de 46.060 francs pour un salaire de 1.930 francs.

Les socialistes de l'École de Lassalle ne manqueront pas de s'écrier que cette différence entre le produit brut et le salaire de l'ouvrier, montre toute la plus-value de travail dont profite le patron.

Il n'y a qu'un malheur, à ce beau raisonnement, et le voici :

| | |
|---|---|
| Matières premières... | 406.900.000 |
| Salaires... | 19.70.000 |
| Autres frais... | 50.000.000 |
| | 476.600.000 |
| Produit brut... | 470.300.000 |
| Différence en moins. | 6.300.000 |

Ces fabriques de salaisons, représentent non un gain mais une perte de plus de 6 millions qui, par ouvrier, se répartit de la manière suivante :

| | |
|---|---|
| Produit brut... | 46.060 fr. |
| Salaire... | 1.930 |
| Perte... | 635 |

La fameuse plus-value est une moins-value ; et dans combien d'industries n'en est-il pas de même ?

Pour 97 minoteries, même phénomène. Salaire 2.655 francs, produit brut 64.250, mais déduction faite des matières premières, des salaires et autres frais, la perte est de 3.400.000 francs qui, divisés par 1.838 ouvriers, représente une moins-value, pour chacun d'eux de plus de 2.000 francs.

En France, quand on parle des mineurs, on se figure qu'il suffit de faire un trou dans la terre pour s'enrichir. Or, sans parler des concessions abandonnées qui représentent à peu près les deux tiers des mines exploitées et que personne ne veut reprendre, il suffit de jeter un coup d'œil sur les statistiques du ministère des Travaux publics pour constater en 1891 :

|  | Mines en gain. | Pertes. |
|---|---|---|
| Combustibles minéraux… | 176 | 120 |
| Minerais de fer… | 29 | 36 |
| Autres minerais… | 39 | 53 |
|  | 244 | 209 |

Dans ces mines en perte, des ouvriers ont touché des salaires : où est le surtravail donné au capital ? Je connais une mine, dans la Loire, qui, depuis 1836 n'a pas donné non seulement un sou de bénéfice, mais même pas un sou d'intérêt aux millions qui y ont été engloutis. Où est le surtravail que Karl Marx et ses disciples voient partout alimentant le vampire qui s'appelle le capital ?

M. Lalande a fait en 1892 une monographie de la fabrique de porcelaine et de faïence de Bacalan fondée en 1782. Il a montré que la part du capital avait été de 1.100.000 francs et la part du travail de 37.700.000 francs. Où est le surtravail ?

Si la surproduction était une cause de ruine pour les travailleurs, les salaires auraient dû constamment diminuer depuis trois quarts de siècle, alors que la production n'a pas cessé d'augmenter en intensité.

Si la loi d'airain des salaires était vraie, les salaires auraient dû baisser constamment depuis trente ans, puisque le prix des objets nécessaires à la vie, sauf le loyer, n'a pas cessé de diminuer.

Or, on a fait spécialement dans ces dernières années des enquêtes très complètes sur la situation des travailleurs à différentes époques et dans divers pays : et si toutes ces enquêtes infirment, de la manière la plus nette, les affirmations *a priori* des docteurs du socialisme, n'avons-nous pas le droit de poser à leur égard ce dilemme : ou mauvaise foi ou ignorance ?

D'après le tableau VIII du travail de E. R. L. Gould (janvier

| | | | | | | |
|---|---|---|---|---|---|---|
| ,20 | ,30 | ,80 | ,35 | ,85 | | T( |
| 103,70 | 4,60 | 270,50 | 218,45 | 360,75 | | T( |
| 5,1 | 0,3 | 12,0 | 8,1 | 10,5 | | Pr)p |

Ces chiffres prouvent que la part de l'alimentation n'est pas la même dans tous les pays, pas plus que la part du loyer, pas plus que celle du vêtement ou des boissons. Enfin, il n'est pas vrai, comme le montre la dernière colonne, que le salaire se maintienne rigoureusement au taux indispensable pour la subsistance de chaque ouvrier, puisque le Français peut épargner 12% de son gain, l'Américain 10.5, l'Anglais 8.1. Si pour l'Allemagne le taux de l'épargne tombe à moins de 1%, qu'est-ce que cela prouve ? que les salaires y sont moins élevés que dans des pays plus avancés en évolution économique et que tout en dépensant moins que l'ouvrier américain, anglais ou français, l'ouvrier allemand voit cependant son salaire presque tout entier absorbé par les nécessités de l'existence. Si la loi d'airain était vraie, quand les objets les plus indispensables à la vie baissent de prix, les salaires devraient baisser.

Si nous considérons le prix en gros de 17 objets de première nécessité en Angleterre, voici le rapport que nous trouvons :

*Prix en gros des marchandises en Angleterre :*

Le prix de la période de 1845 à 1850 est pris comme 100. Les chiffres au-dessus et au-dessous de 100 indiquent la hausse ou la baisse.

| 1ᵉʳ juin 1891. | | | |
|---|---|---|---|
| Froment | 61 | Coton | 82 |

1 Je ne reproduirai point les statistiques qui ont été publiées par de nombreux auteurs, et par moi-même, d'après des documents nombreux. Je prends les chiffres actuels dans le travail que M. S. Jeans, a communiqué à la *Statistical Society* de Londres au mois de mai 1892 ; dans celui que M. Robert Giffen, a communiqué en 1888 à la même société sur le prix et les revenus ; dans l'ouvrage de M. Maurice Block sur l'*Europe politique et sociale* : et dans le travail sur *The social condition of labor* de M. R. L Gould, professeur de science sociale à John Hopkins university, et dans les dernières enquêtes.

Le dollar a été calculé à 5 fr. 20.

| Viande | 126 | Soie grège | 130 |
|--------|-----|-----------|-----|
| Sucre | 36 | Lin | 65 |
| Thé | 70 | Laine | 102 |
| Huile | 86 | Fer | 87 |
| Suif | 80 | Plomb | 76 |
| Cuir | 130 | Cotons filés | 97 |
| Cuivre | 66 | Tissus de coton | 89 |
| Café | 136 | | |

Or, contrairement aux affirmations des socialistes le taux nominal des salaires est monté et, il faut ajouter au taux nominal l'augmentation du pouvoir d'achat qui est résulté pour eux de la baisse de prix des objets manufacturés et des objets d'alimentation sauf la viande.

Pour la filature et le tissage du coton, les salaires hebdomadaires produisant 1.000 mètres étaient dans le Lancashire :

| | Fr. | |
|---|---|---|
| En 1850 | 5.798 | 75 |
| En 1880 | 10.095 | 00 |
| Augmentation | 4.296 | 25 |
| Soit une augmentation de 1850 à 1889 de 74.69% | | |

Pour la quantité moyenne, les salaires hebdomadaires produisant 1.000 mètres étaient pour 526 personnes :

| | Fr. | |
|---|---|---|
| En 1850 | 7.067 | 35 |
| En 1880 | 12.844 | 50 |
| Augmentation | 5.777 | 15 |
| ou 81.75% | | |

Yves Guyot

| | | 1840 | | Fr. | 1885 | |
|---|---|---|---|---|---|---|
| | | — | | | — | |
| Forgerons | | 25 | | | 34 | 35 |
| Constructeurs de moulins | | 26 | 55 | | 35 | 60 |
| Maçons (en brique) 25 | | | | | 35 | 00 |
| Menuisiers | | 22 | 50 | | 35 | 00 |
| Manœuvres | | 14 | 60 | | 22 | 50 |
| | à | 16 | 25 | | | |

Nous appelons l'attention sur l'augmentation des salaires des manœuvres : elle prouve combien le travail est soumis à la loi de l'offre et de la demande. Le gain des manœuvres augmente plus rapidement que celui d'autres métiers parce que, au fur et à mesure des progrès de l'instruction, leur nombre a une tendance à se restreindre.

M. Lord, président de la chambre de commerce de Manchester, a établi la proportion suivante :

Augmentation des salaires pour 100 relativement à 1850

| | 1877 | | 1883 | |
|---|---|---|---|---|
| | — | | — | |
| Tissage et filature de coton | 64 | 47 | 74 | 72 |
| Blanchiment | 56 | 60 | 50 | » |
| Calicot imprimé | 50 | » | 50 | » |
| Entrepôts maritimes | 31 | 44 | 35 | 05 |
| Mécaniciens | 12 | 73 | 10 | 30 |
| Mineurs | 55 | 64 | 43 | 53 |
| Construction | 48 | 21 | 39 | 76 |
| Moyenne... | 43 | 00 | 39 | 18 |

Ce tableau montre également combien les salaires sont soumis à la loi de l'offre et de la demande. Après avoir augmenté de 43%, ils sont redescendus à 39.18% quand il y a eu ralentissement dans les affaires.

En France, le parlement est accablé des plaintes des mineurs. Cependant on voit des ouvriers agricoles venir sans cesse en augmenter le nombre qui s'est encore accru de 11.000 de 1890 à 1891.

Ouvriers mineurs du fond et de la surface confondus.

|  | Par jour. | | |
|--|:--:|--|--|
|  | — | | |
| 1844 | 2 | f. | 09 |
| 1865–1869 | 2 | | 86 |
| 1870–1874 | 3 | | 32 |
| 1875–1879 | 3 | | 58 |
| 1885–1886 | 3 | | 71 |
| 1890 | 4 | | 16 |
| 1891 | 4 | | 17 |

L'augmentation est donc près de 100% en 47 ans. Et ce chiffre est trop faible : car il comprend le salaire des ouvriers de fond et ceux de la surface, et le salaire des ouvriers de fond est de 4 fr. 62.

Le rapport du salaire total à la tonne de houille était, en 1885, de 5 fr. 39. En 1890, il s'élevait à 5 fr. 62 et en 1891 à 6 fr. 09.

En Allemagne, depuis cinquante ans, les salaires ont augmenté de 75 à 150%.

À l'augmentation des salaires, à la facilité qu'ont les ouvriers de se procurer plus d'objets au même prix, il faut ajouter la réduction des heures de travail. M. Robert Giffen estime que, pour l'Angleterre, elle doit compter pour 20% en plus de l'augmentation des salaires.

Il a montré, en 1884, que le même homme qui avait, cinquante ans auparavant, une balance de 15 sh. (18 fr.) par semaine, après avoir payé son loyer, avait maintenant un surplus de 27 sh. 6 d. (33 fr.).

Yves Guyot

M. Bodio a fait le calcul suivant pour les ouvriers de l'industrie
textile en Italie :

ANNUAIRE DE LA STATISTIQUE ITALIENNE 1887-1888.

|  | Salaire p. homme en millièmes de fr. | Prix moyen du quintal de froment. | Heures de travail nécess. pour acheter 1 quin. de froment. |
|---|---|---|---|
|  | — | — | — |
| 1862 | 146 | 28.52 | 195 |
| 1887 | 238 | 22.14 | 93 |

Les membres du Congrès de Tours demandaient l'égalité des
salaires : les ouvriers de Paris qui demandent l'application de la
Série n'en sont pas partisans : car la voici, avec ses inégalités.

LA SÉRIE DES PRIX DE LA VILLE DE PARIS.

Heures.

|  |  | 1860 |  | 1888 |
|---|---|---|---|---|
| Tailleur de pierre pour ravalement | fr. | 0.575 | fr. | 1.20 |
| Maçon |  | 0.50 |  | 0.80 |
| Peintre |  | 0.425 |  | 0.80 |
| Serrurier |  | 0.375 |  | 0.85 |
| Fumiste |  | 0.45 |  | 0.75 |
| Vitrier |  | 0.425 |  | 0.85 |
| Marbrier |  | 0.50 |  | 0.85 |
| Menuisier |  | 0.40 |  | 0.80 |
| Plombier |  | 0.50 |  | 0.90 |
| Couverture |  | 0.66 |  | 0.75 |
| Charpentier |  | 0.50 |  | 0.90 |
| Charpentier en fer |  | 1.00 |  | 1.675 |

Si on jette un coup d'œil sur certains chiffres qui montrent le progrès économique, on constate que la loi d'airain n'a pas cessé de laisser une marge de plus en plus considérable entre les besoins et les ressources du travailleur. En Angleterre le chiffre des importations et exportations, réunies, qui était de 275 francs, par tête de 1855 à 1859, est passé de 1885 à 1887 à 435 francs, augmentant ainsi de plus de 54%. En France, la consommation de la viande qui était, en 1812 de 17 kilog. 16 par tête d'habitant a atteint, en 1882, 33 kilog. La consommation du coton était de 1 k. 800 en 1849 et pendant la période de 1889-1891, de 1 k. 31 par habitant : la laine passe de 4 kil. 624 à 5 kil. 509. Ce ne sont point là les signes de misère et de décadence qu'annoncent à grands fracas les prophètes du socialisme. Qu'on compare la manière de vivre des travailleurs, il y a seulement trente ans, avec celle qu'ils ont maintenant, les vêtements, les chaussures, la toilette de la femme et jusqu'aux fantaisies de la table, il n'est personne, étant de bonne foi, qui ne reconnaisse et constate de tous les progrès de la civilisation ; et il peut pour quelques sous, en montant en chemin de fer, se donner le luxe d'une vitesse que n'aurait pu se procurer Napoléon, au comble de sa puissance.

La machine travaille pour lui. Pendant qu'il la regarde, elle accomplit une besogne qui exigerait le travail de vingt et un hommes. Au lieu d'agir lui-même, il la dirige. Le muscle, qui jadis était son instrument de travail, n'est plus que le support de son activité intellectuelle.

Bien loin que les faits aient confirmé la prétendue loi de Lassalle, c'est celle que Bastiat avait formulée de la manière suivante qui a reçu une pleine confirmation :

« À mesure que les capitaux s'accroissent, la part absolue des capitalistes dans les produits totaux augmente et leur part relative diminue. Au contraire, les travailleurs voient augmenter leur part dans ces deux sens. »

M. Atkinson, dans un travail basé sur des monographies d'usines aux États-Unis, publié en 1884, a démontré la vérité de cette loi. Dans un graphique très saisissant,[1] il indique la tendance des salaires vers un maximum et la tendance des profits vers un minimum. Il y a eu des fluctuations, résultant des crises : une tendance à la baisse

1 Je l'ai reproduit. *Science économique*, p. 290.

Yves Guyot

dans les salaires s'est manifestée de 1883 à 1885, mais s'ils avaient perdu en quotité monétaire, leur pouvoir d'achat ayant augmenté par le bon marché de toutes choses, ils étaient en réalité plus élevés qu'ils ne l'avaient jamais été.

En un mot, nous pouvons conclure :

*L'homme est un capital fixe obéissant à la loi de la valeur relative des capitaux fixes et des capitaux circulants. La valeur de l'homme est en raison de la puissance de l'outil. Sa valeur augmente en raison de l'abondance des capitaux circulants et de la puissance des capitaux fixes.*

*Le prix du travail est en raison directe de l'abondance et du bon marché des capitaux circulants, de la valeur, de la puissance et du total du revenu des capitaux fixes et en raison inverse du taux de revenu.*

## CHAPITRE XV
### Répartition de la richesse.

L'affirmation socialiste : Les pauvres deviennent plus pauvres, les riches plus riches. — Petite et grande propriété. — Caisses d'épargne. — Les titres nominatifs de rente. — La répartition des actions et obligations des Compagnies de chemins de fer. — Les obligations de la Ville de Paris. — Les obligations du Crédit foncier. — Les faiseurs de ruines. — La liquidation sociale. — « Rassurer les intérêts. »

— Progrès de la richesse ! oui, mais concentration en quelques mains, s'écrient les socialistes. Les pauvres deviennent plus pauvres, les riches plus riches ! et le Congrès d'Erfurt ajoute que les pauvres augmentent en nombre.

Après avoir démontré par des faits qu'il était faux que les ouvriers devinssent plus pauvres, nous allons montrer par des chiffres combien la fortune est démocratisée en France.

Au point de vue de la propriété foncière, la très petite propriété de 0 à 2 hectares compte 10.426.000 cotes, la petite propriété 2.174.000, la première représentant 74% et la seconde plus de 15%

soit 90%. Il est vrai que, comme superficie, elle ne compte que pour 25% ; mais la moyenne propriété de 6 à 50 hectares compte pour 38%.

Mais et les valeurs mobilières ? D'après les discours socialistes, ne sont-elles pas toutes concentrées entre les mains de la haute finance ?

Les faits sont en contradiction avec ce préjugé, comme l'a montré M. Neymark dans une série d'études très documentées.

Nous ne parlons pas des 6 millions de livrets de caisses d'épargne, des 3 milliards qu'ils représentent ; des 450 millions de la caisse d'épargne postale. Mais la rente est répartie entre beaucoup de mains et ne dort pas, comme on le suppose, dans les coffres de capitalistes.

M. Tirard, ministre des finances, disait le 28 mars 1893 : — les titres nominatifs représentent 329.742.000 francs de la rente, les titres mixtes 11.388.000 francs, soit 341.130.000 ; les titres au porteur ne figurent que pour 87.159.000 francs.

La proportion des actions nominatives pour les compagnes de chemins de fer qui, comparée à l'ensemble des titres, n'a pas cessé de monter, s'établit de la manière suivante :

|  | 1889 | Moyenne des titres inscrits sur chacun des certificats. |
|---|---|---|
| Est | 46.13 | 15 |
| Lyon | 44.33 | 15 |
| Midi | 37½ | 14 |
| Nord | 55.90 | 18 |
| Orléans | 54.72 | 16 |
| Ouest | 39.45 | 12 |

Si on multiplie ces chiffres par le cours du jour, on voit qu'ils représentent une fortune plus ou moins grande : mais ce n'est pas la richesse.

Sur les 30.155.446 obligations de chemin de fer, 20.887.614 sont nominatives soit 69 26%. Elles sont représentées par 639.914 certificats, ce qui donne comme moyenne de titres inscrits sur chacun d'eux 32 obligations, soit un capital de 13.600 rapportant annuellement 438 francs.

Quand, en janvier 1888, les titres au porteur de la Ville de Paris ont été renouvelés, on a pu s'assurer que plus de la moitié des intéressés possédaient seulement, soit une obligation entière, soit de 1 à 6 quarts d'obligations.

Les actions de la Banque de France qui valent 3.900 fr. se répartissent ainsi :

Nombre de possesseurs (1892)

| Paris | dans les succurs. | Total | Paris | Succurs. | Total. |
|---|---|---|---|---|---|
| 10.848 | 17.083 | 27.731 | 97.572 | 84.928 | 182.500 |

Sur ces 182.500 actions, 58.129 sont la propriété d'établissements publics, de femmes mariées, de mineurs, d'interdits, d'incapables. Les capitalistes qui possèdent de 1 à 5 actions de la Banque de France, soit de 4.000 à 20.000 francs, sont numériquement la grande majorité.

Les 31.395 actionnaires du Crédit foncier possèdent en moyenne 11 actions chacun ; 7.129 n'en possèdent qu'une.

Ou trouve-t-on ces preuves d'appauvrissement et de misère que crée, depuis trois quarts de siècle, la société capitaliste, à en croire les docteurs du socialisme ? Mais ils ont raison quand ils parlent des dangers de ruine : et plus que tous autres ils seraient à même de les apercevoir, s'ils avaient conscience de l'œuvre qu'ils font. Quand ils ont passé dans une région pour y organiser la grève, que sont devenus les livrets de caisse d'épargne, et les valeurs qui s'infiltrent aujourd'hui partout, et que pouvaient posséder les travailleurs qu'ils ont condamnés à un loisir forcé ? que sont devenus les petits commerçants ruinés par les crédits qu'ils ont dû faire, les fournisseurs de ces petits commerçants qui ne peuvent rentrer dans leurs fonds ? que deviennent les petites banques chargées de papiers en souffrance ? Et si ces meneurs de grèves sont arrivés à atteindre dans sa prospérité une compagnie ou un industriel, en enlevant au capital une partie de son pouvoir producteur, ils enlèvent par cela même aux ouvriers, dont ils prétendent représenter les intérêts, une part de rémunération immédiate ou éventuelle. Déjà, pour le présent, ces faiseurs de ruine savent faire convenablement cette besogne qui n'est cependant que le prélude de la grande liquidation sociale.

Enfin, ils ont un moyen simple de faire une égalité de misère. Un antisémite et socialiste millionnaire, M. de Morès, l'a déjà proposé. Il suffit de répartir la fortune de la France entre tous ses habitants, à tant par tête : La fortune mobilière de la France est évaluée à 80 milliards : on pourrait commencer par là. Cela ferait 2.000 francs par tête, à la condition que les cours d'aujourd'hui voulussent bien se maintenir et ne pas s'effondrer dans le cataclysme, que provoquerait cette banqueroute : car une grande quantité de ces titres ne sont que des créances qui sont une fortune pour ceux qui les possèdent, mais n'ajoutent pas à la fortune du pays : tels sont les titres de la dette publique, les obligations de chemins de fer, les 3 milliards d'obligations du Crédit foncier, les 2 milliards et demi d'obligations sur les villes et les départements ! Ce serait un beau spectacle que celui de cette liquidation sociale !

Mais ceux qui, en l'attendant, pour amuser le tapis, pour flatter des passions, pour se faire suivre des impatients en leur jetant comme un os à ronger la Haute Banque, qui offrent comme programme immédiat la confiscation, avec ou sans compensation, des chemins de fer, des mines, des grandes sociétés, l'organisation d'une banque d'État, ne se doutent pas, dans leur ignorances dédaigneuse des chiffres que nous venons de citer, des perturbations et des inquiétudes qu'ils jettent dans l'opinion. Quand M. Constans à dit à Toulouse : — « Il faut rassurer les intérêts », ce mot a eu un profond retentissement dans tout le payes, parce qu'en dépit des affirmations des socialistes, malgré la loi d'airain des salaires, et autres spectres redoutables, la grande majorité des familles, en France, possède qui un morceau de terre, qui un livret de caisse d'épargne, qui une obligation de la ville de Paris, du Crédit foncier ou de chemin de fer ; et elles trouvent sinistres les plaisanteries et les menaces dont leur petit avoir est l'objet.

Yves Guyot

# LIVRE III : LA LÉGISLATION SOCIALISTE

Que l'homme obéisse à des actions réflexes héréditaires ou acquises par l'éducation, à la pression de son milieu ou qu'il agisse par décision personnelle, ses actes dérivent de ses conceptions. Nous avons passé en revue les sophismes : nous allons examiner leur mise en œuvre.

## CHAPITRE PREMIER
### Les trois-huit et le minimum de salaires.

I. Position de la question. — La déduction. — « Le moindre effort. » — Illusions. — Contradiction socialiste. — Le vrai motif. — II. La limitation légale des heures de travail dans le monde. La loi et la jurisprudence aux États-Unis. — Proposition de loi faites en France. — III. Timidité. — Le petit patron. — Défense du suicide. — Le perturbateur. — L'ouvrier agricole. — Défense de travailler une minute et de gagner un sou en dehors des heures légale. — Retour en arrière. — La tentative du conseil municipal. — L'engrenage. — IV. Limitation des heures de travail. — Détermination du salaire. — Suppression du travail. — La surenchère démagogique.

I. — Si les docteurs du socialisme avaient dit à leurs clients : Nous te convions à faire une grève générale, le 1$^{er}$ mai, et, au besoin, des émeutes, parce que nous entendons que, dans le régime utopique que nous te proposons, nous soyons les maîtres de régime l'emploi de tes jours et de tes nuits, comme il nous conviendra, et comme il conviendra aux agents de police à la surveillance de qui tu seras soumis, il est probable que la plupart des travailleurs, loin de perdre une journée pour réclamer ce beau cadeau, l'auraient repoussé avec horreur.

Mais d'une habileté psychologique que je me plais à reconnaître, ces bons apôtres ont demandé à chaque travailleur : — Veux-tu ne travailler que huit heures au lieu de dix ou douze ? — Et je gagnerai autant ? — Plus ! — Beaucoup de travailleurs ont de la méfiance ; mais la méfiance finit par se traduire facilement en foi quand cette foi flatte nos désirs, nos passions et nos illusions.

L'homme cherche « le moindre effort » comme les objets « la moindre résistance ». Les socialistes donnent l'illusion que la loi peut le lui assurer par la limitation des heures du travail. Il est disposé à les croire et, s'il ne réfléchit pas un peu, il les croit et les salue comme des messies.

Dans l'enquête faite par la commission du travail en 1890, voici comment se répartissaient les réponses : sur 64 chambres de commerce, 54 contre toute réglementation ; sur 32 chambres consultatives des arts et manufactures, contre 25 ; sur 55 conseils conseils de prudhommes, contre 55 ; sur 235 syndicats patronaux, contre 201 ; sur 410 syndicats ouvriers, 186 demandent la journée de huit heures sans heures supplémentaires ; 2 une journée de moins de 8 heures sans heures supplémentaires ; 38 seulement repoussent ce cadeau.

Sans nous demander ce que valent et ce que représentent, et comme chiffres d'adhérents, et au point de vue légal, les syndicats ouvriers qui ont répondu, nous constatons qu'ils ont été séduits par la formule des trois huit : huit heures de travail, huit heures de repos, huit heures de sommeil. Trois huit ? pourquoi trois huit ? question de symétrie et nouvelle preuve du sérieux de la méthode des socialistes !

Dans les discussions au Conseil municipal de Paris en réponse à M. Léon Donnat, MM. Longuet et Vaillant, pour faire l'apologie de la limitation des heures de travail, disaient : « Une journée plus courte accroît la production ».

En même temps, M. Vaillant déclarait que la réduction des heures de travail « supprimerait la surproduction, le chômage et, en raréfiant le travail, augmenterait les salaires. »

Ces socialistes, avec leurs étonnants procédés de discussion, ne s'apercevaient pas que si leur première assertion est vraie, la seconde est fausse et vice-versa. Car si la réduction des heures de travail augmente la production, elle fait de la surproduction ; et si au contraire, elle la supprime, elle diminue la production.

Au lieu de se perdre dans des explications qui se retournent

Yves Guyot

contre eux, les docteurs du socialisme feraient mieux de dire tout simplement : — Nous demandons la journée de huit heures et au-dessous pour flatter les désirs des naïfs qui nous écoutent et dont nous voulons faire l'instrument de notre pouvoir. Nous leur promettons qu'ils gagneront plus en travaillant moins, voilà l'important !

II. — La limitation des heures de travail par la loi est une des conquêtes des socialistes de 1848. Mais en France, la loi du 9 septembre 1848 fixant la durée du travail à douze heures, en dépit de la loi du 16 février 1883 qui essaye de la revivifier n'aurait jamais été appliquée, se en fait, les mœurs n'avaient pas réduit, en temps normal, la durée de la journée de travail à ce chiffre ou à un chiffre inférieur. Quand une loi de ce genre est faite, on s'empresse de la cribler d'exceptions à travers lesquelles s'infiltre un peu de liberté qui la désagrège et la dilue, comme le décret du 17 mai 1851 complété par le décret du 3 avril 1883. Sauf en Suisse, où le travail est de onze heures et interdit, sauf exception, de 8 heures du soir à 5 ou 6 heures du matin, en Autriche, où la journée est de onze heures dans la grande industrie seulement, partout ailleurs le travail des hommes adultes est libre. En Angleterre, toutefois, au mois de mai 1893, malgré l'opposition des mineurs du Northumberland et de Durham, la Chambre des communes a adopté un bill limitant à huit heures le travail dans les mines. Aux États-Unis, la loi de 1868 a déclaré que, dans les chantiers fédéraux, la journée serait limitée à huit heures. Mais l'ouvrier est présumé connaître les règlements et les accepter par le fait même qu'il est employé et qu'il est payé : il en résulte que ce n'est pas la loi qui est appliquée, mais les us et coutumes des établissements dépendant du gouvernement des États-Unis. L'État de New-York adopta, en 1878, une loi semblable pour les travaux faits pour le compte de l'État ou des communes. La cour des appels de New-York a déclaré que non seulement l'ouvrier pouvait travailler plus, si cela lui convient, mais encore qu'il n'a pas droit à un salaire additionnel pour les heures en plus, parce que s'il a accepté de travailler dix heures, c'est qu'il trouve dans le salaire qui lui est donné, une compensation suffisante.[1] D'après cette jurisprudence, le contrat privé prime la loi qui disparaît devant lui.

Plusieurs députés, presque tous boulangistes, ont déposé diverses

---

1 Voir *Rapports sur les conditions du travail.* États-Unis, p. 17 et 19.

LIVRE III : LA LÉGISLATION SOCIALISTE

proportions de loi tendant à interdire aux hommes adultes de travailler autrement que ne le permettrait le législateur.

MM. Dumonteil et Argeliès se contentent de dix heures ; M. Goujon de huit heures dans les mines et de dix heures dans les usines et manufactures ; M. Ferroul ne demande huit heures que pour les ateliers mécaniques ; M. Basly, réclame huit heures dans les mines ; M. Chiché, pour tous les travaux adjugés pour le compte de l'État, des départements et des communes, huit heures avec minimum de salaire.

III. — Je dénonce la timidité de ces députés non seulement à l'égard du salarié ; mais pas un n'a osé pénétrer dans le petit atelier pour y surveiller le petit patron qui y travaille seul ou avec un ou deux ouvriers. Ils avaient pourtant l'exemple de sir John Lubbock qui, en 1888, proposait de frapper d'une pénalité le petit patron ou le petit marchant qui resterait dans sa boutique après huit heures du soir, au lieu d'aller à la taverne qui, elle, avait le privilège de rester ouverte plus tard. Sir John Lubbock déclarait qui si le petit patron travaillait trop, il commettait un suicide et que la société avait le droit de l'en empêcher. J'ai devant mes fenêtres un petit patron lithographe qui commet tous les jours ce suicide, grâce auquel il peut élever une demi-douzaine d'enfants ; s'il ne le commettait pas, que deviendraient ses enfants ? Et si la limitation des heures de travail a pour but d'empêcher la surproduction, n'est-il pas coupable ? Ne se rend-il pas coupable d'une concurrence déloyale à l'égard de ses concurrents qui ont moins d'énergie, de persistance dans le travail et apportent moins d'économie dans leur existence ? Je signale tous ces éléments perturbateurs de la tranquillité de ceux qui veulent obtenir et dépenser de larges salaires, sans les gagner ; et je demande à leurs députés d'avoir le courage de formuler leur thèse, non pas dans des propositions atténuées comme par par une mauvaise honte, mais dans des propositions nettes, précises et claires.

Ils devront y comprendre aussi les ouvriers agricoles, qui, lorsque l'orage menace les foins, lorsque les moissons sont mûres et que le temps est incertain, lorsque les vendanges sont prêtes, se livrent à un surmenage, incompatible avec l'hygiène du repos et avec la théorie de la raréfaction du travail.

Yves Guyot

MM. Watson, Harford, Henry Tait, secrétaire des diverses unions d'ouvriers de chemin de fer en Angleterre, ont déclaré nettement devant une commission de la Chambre des communes « que personne ne devrait être autorisé à gagner un sou une fois ses huit heures terminées et que celui qui, rentré chez lui, emploierait ses heures de loisir à faire des chaussures pour un magasin devrait être puni.[1] »

Il faudra en revenir à ces *statues of labourers* qui au XVI⁰ siècle, réglèrent, en Angleterre, le prix et la durée de la journée de l'ouvrier, les heures de son lever et de son coucher, le nombre et la quantité de ses repas. Regnaud Saint-Jean d'Angely avait déterminé aussi, en 1806, l'heure et la durée des repas et le nombre des heures de travail des ouvriers du bâtiment à Paris. Le Conseil municipal de Paris a essayé de revenir à ces mesures policières dans son cahier des charges du 27 avril 1887, décidant que, dans tous les travaux dits pour le compte de la ville, la journée de travail serait réduite à neuf heures et le salaire minimum celui fixé par la série des prix de 1881-1882. Cette délibération fut annulée par le décret du 17 mars 1888, le Conseil d'État entendu. Par délibération du 2 mai de la même année, le Conseil municipal continua d'insérer les mêmes prescriptions dans ses cahiers des charges et repoussa comme adjudicataires, le 10 juillet, un entrepreneur de maçonnerie qui avait offert les rabais les plus forts, mais qui n'acceptait pas les clauses de ce cahier des charges. M. Floquet, alors ministre, eut la faiblesse d'approuver cette adjudication qui, sur recours des entrepreneurs de travaux publics, a été annulée par le Conseil d'État le 21 mars 1890.

Que ceux qui croient servir les intérêts des travailleurs fassent une enquête sur la manière dont a fonctionné ce cahier des charges. Ils verront que les travailleurs — nous parlons de ceux qui travaillent — cherchaient tous les moyens d'éluder ces prescriptions. Ils trouvaient que le chômage de l'hiver, la gelée, les intempéries, réduisaient bien assez leurs journées dans une année, sans que la puissance tutélaire, mais malfaisante du Conseil municipal, vînt s'y ajouter. Comme les entrepreneurs faisaient venir de l'extérieur de Paris la pierre, le bois, le fer tout ouvré, le Conseil municipal, pour compléter sa besogne, demandait qu'ils fussent arrêtés à l'octroi,

---

1 Cité par Chaliley-Bert. (*Journal des Débats*, 18 avril 1893.)

LIVRE III : LA LÉGISLATION SOCIALISTE

afin de protéger « le travail parisien » dans les conditions où il l'avait réglé !

On voit l'engrenage : limitation des heures de travail, fixation d'un minimum de salaires, douane à l'intérieur du pays.

Plus logiques, les délégués de la manifestation du 1ᵉʳ mai, que la commission du travail de la Chambre des députés eut le tort de recevoir, demandèrent : journée de huit heures avec minimum de salaire qui serait déterminé par les Bourses du travail, les syndicats ou corporations d'ouvriers.

Les auteurs des diverses propositions, déposées à la Chambre des députés pour répondre à ces desiderata n'ont pas osé les reproduire complètement. Ils sont dans leur tort.

IV. — Limiter les heures de travail et raréfier la production, bien ; mais si l'employeur diminue le salaire proportionnellement, les travailleurs y trouveront-ils leur compte ? La déception ne sera-t-elle pas cruelle ? Pourquoi donc le législateur n'interviendrait-il pas pour l'empêcher ? Du moment qu'il se reconnaît le droit d'intervenir dans un contrat privé pour régler la durée du travail, pourquoi ne fixerait-il pas la quotité du salaire ?

Les théoriciens de la limitation des heures de travail ne demandent pas toutefois que l'État fixe lui-même ce salaire. Ils demandent qu'il leur remette le soin de le fixer eux-mêmes.

Les patrons, qui payeraient, n'auraient, dans ce système, rien à voir dans le taux du travail.

Il ne leur resterait qu'une ressource pour échapper à la ruine : ce serait de fermer leurs ateliers et de laisser les ouvriers jouir « de la raréfaction du travail » qui, selon M. Vaillant, aurait « pour résultat de faire hausser les salaires, » à moins qu'elle ne les supprimât.

Si la loi impose à une usine une diminution de travail et une majoration de salaire, que nous évaluons, par exemple, à cent mille francs pour six mois, et si, en raison de ce double jeu, non seulement, elle n'a plus de bénéfices, elle ne peut plus payer les intérêts de son capital, mais se trouve en perte, que fera-t-elle ? Elle fermera tôt ou tard ; et les ouvriers qui y touchaient des salaires, où les retrouveront-ils ? La porte de l'usine est close. Son outillage n'est plus que de la ferraille. Les docteurs du socialisme ont atteint complètement leur but : ils n'ont pas réduit seulement le travail à

Yves Guyot

huit heures ; ils ne l'ont pas seulement réduit à six heures, comme le demandent M. Vaillant et les *Trades-unions* australiennes ; à quatre heures, comme le réclame M. Hyndmann, allemand de Londres ; à trois heures, comme M. Pablo Lafargue ; à deux heures, comme le réclamait M. Reinsdorf devant le tribunal de Leipsig et comme le réclame M. J. Noble de New-York ; à une heure et demie, comme l'exige M. le D$^r$ Joynes ; mais à zéro, chiffre qui défie toute surenchère. Les travailleurs seront soustraits à tout surtravail ruineux et à tout surmenage antihygiénique. Pour eux, le repos sera obligatoire. Ils n'auront plus à se plaindre de l'excès de travail : le travail se sera dérobé : et ils auront beau lui faire appel, ils l'auront si bien frappé qu'il aura disparu.

Voilà le sort, avec la loi de huit heures, que réservent aux véritables travailleurs les charlatans qui, s'imposant à eux comme leurs défenseurs, sont leurs pires ennemis.

## CHAPITRE II
### La réglementation du travail des enfants.

Mineurs et incapables. — Abus de la protection. — L'application de la loi. — Travail agricole. — Pourquoi pas ? — Les dix, onze et douze heures. — Limitation du travail des adultes par la limitation du travail des enfants. — Suppression des apprentis. — Le vagabondage obligatoire. — Oisiveté forcée. — L'enfant à la porte de l'atelier. — Conséquences de l'abus de la protection.


De même que nous admettons que le Code civil protège les mineurs et les incapables, nous acceptons que la loi protège les enfants contre les abus qui peuvent être commis à leur égard. Nous considérons que, jusqu'à présent, la police, la magistrature et l'opinion ont été beaucoup trop indifférents pour les petits malheureux dont des misérables exploitent la mendicité et dont la vie est une torture continue. Quand nous voyons, dans nos écoles et nos lycées, exercer le surmenage à l'égard de l'enfant, sous prétexte que c'est pour son bien, nous reconnaissons qu'il y a certains parents qui, mus par d'autres mobiles, considèrent l'enfant, comme un esclave donné par la nature, et des patrons qui se prêtent à cette conception de son rôle d'autant plus volontiers qu'ils peuvent y trouver leur profit. Que la loi s'oppose à cette exploitation, nous en proclamons la nécessité ; mais ce qui importe, c'est que la loi ne soit pas tracassière et sou prétexte de protéger des enfants ne persécute pas les parents et les patrons.

En 1874, on a fait une loi pour la protection des enfants et des filles mineures dans l'industrie qui est demeurée à peu près inappliquée. C'est un exemple qu'il ne suffit pas de voter des lois pour avoir fait quelque chose. Quand on a dit : — « Il y aura des inspecteurs », on se figure que les inspecteurs vont jaillir du sol ; que tous seront des fonctionnaires parfaits, compétents, de sang-froid et au-dessus de toute séduction, cela va sans dire. Mais ces inspecteurs, il faut les payer et les mettre en mouvement.

La loi du 2 novembre 1892 qui a remplacé la loi de 1874 limite le travail des enfants de 13 à 16 ans, à dix heures ; mais pendant la cueillette des roses, des jasmins dans le Midi, devront-ils s'abstenir ? La loi ne s'applique pas aux travaux agricoles : mais est-ce que l'agriculture n'est pas une industrie comme une autre ? Est-ce que le travail des enfants n'y est pas susceptible de surmenage ? Si on ne l'y a pas comprise, n'est-ce pas parce que les députés, en majorité élus par des populations rurales, ont craint de provoquer chez elles un mécontentement qu'ils n'ont pas redouté des populations manufacturières ; puisque, dans leur appétit dépravé de réglementation, beaucoup d'ouvriers réclament des mesures de ce genre, sans bien en comprendre le caractère, et que les patrons semblent actuellement des quantités négligeables ?

D'après la loi, les enfants âgés de moins de seize ans ne peuvent être employés plus de dix heures par jour ; les jeunes ouvriers et ouvrières de seize à dix-huit ans, plus de soixante heures par semaine ; les filles au-dessus de dix-huit ans et les femmes plus de onze heures. Les femmes peuvent donc rester à l'atelier tandis que les jeunes filles et les enfants doivent s'en aller. Et que feront-ils ou que feront-elles dehors ? n'étaient-ils pas mieux près de leur mère ou de leur père ? Si celui-ce travaille douze heures, il ne sortira que deux heures après ses enfants, une heure après sa femme. Au lieu de s'en aller ensemble, chacun s'en ira de son côté. La morale et la famille y gagnent-elles quelque chose ?

Yves Guyot

Mais de plus, dans certains métiers la collaboration de l'enfant est indispensable : une fois lui parti, la mère et le père n'ont plus qu'à s'en aller. Les partisans de la limitation des heures de travail triomphent d'avoir obtenu ces résultats ; mais ils n'ont pas ajouté au bien-être du ménage ni à la prospérité de l'industrie.

La protection méticuleuse donnée à l'enfant peut avoir l'effet le plus funeste pour lui.

Les pâtissiers et cuisiniers de Paris ont 3.000 apprentis, dont beaucoup sont orphelins ou ont leur famille en province. La loi les oblige à leur donner un jour de congé, et les patrons ne veulent pas prendre la responsabilité de ce jour de congé qui constitue le vagabondage obligatoire pour ces petits garçons.

La loi aboutit à des conséquences absurdes du genre de celle-ci. Le chef de la clicherie d'un journal à grand tirage de Paris avait son fils avec lui. La loi est intervenue. Il a dû renvoyer son fils. Cependant si au lieu de travailler, dans une grande imprimerie, il avait travaillé chez lui, lui eût-il été interdit d'avoir son fils comme collaborateur et de lui apprendre un métier ? Le jeune homme était très fort et vigoureux. La loi le condamne à l'oisiveté. C'est cette mise à la porte de l'enfant ou de la jeune fille mineure à laquelle n'a pas songé le législateur. Au lendemain de la promulgation de la loi, la maison Lebaudy renvoya quarante-quatre casseuses de sucre, parce qu'elles étaient trop jeunes. MM. Millerand, Baudin et Dumay annoncèrent qu'ils interpelleraient, mais ils n'osèrent soutenir cette thèse qu'un patron devait garder des enfants et des filles mineurs malgré lui. Le sort matériel et moral de ces jeunes-filles est-il amélioré ? Dans tous les métiers où la présence de l'enfant n'est pas indispensable, beaucoup de patrons se dispenseront de le prendre : mais alors où fera-t-il son apprentissage ? Il sera à la charge de ses parents, il représentera une diminution de salaires pour eux ; est-ce là la prime que certains interventionnistes promettent pour le développement de la population ?

La protection se change en oppression. À force d'avoir voulu entourer de garanties le travail de l'enfant, vous courez le risque de le priver de travail, ce qui est bien plus grave que les inconvénients des abus que vous vouliez prévenir. Prenez garde de retrouver un jour cet enfant, objet de votre sollicitude dans un tel état, que vous serez forcé de l'envoyer dans une maison de correction où il aura la vie plus dure que dans n'importe quel atelier, et d'où il sortira, frappé d'une tare, déprimé moralement et intellectuellement, impropre à vivre de son travail ; misérable adapté à la prison et voué à la récidive !

**CHAPITRE III**
**Le travail des femmes et la loi.**

I. L'exemple de l'Angleterre. — La surproduction. — Les filatures de Normandie et des Vosges. — Hypocrisie des motifs et mépris des faits. — Mortalité infantile. — Remplacer l'aisance par la gêne et le travail par la mendicité. — Les soixante jours exceptionnels. — Les onze heures du soir et la morale. — Autres exceptions : sept heures sur vingt-quatre. — Les brocheuses. — Suppression du travail des femmes au profit des hommes. — Toute lumière suspecte. — II. Résultats de l'application de la loi. — Déceptions. — Protestations. — Grèves. — III. But réel. — Suppression du travail des femmes. — Hypocrisie du Congrès de Tours. — Égalité de salaires et droits politiques. — La femme mariée hors de l'atelier. — Trop d'amabilité.

I. — Après de nombreuses années de discussion, la loi n'a pas seulement réglementé le travail des enfants, elle a aussi réglementé le travail des femmes adultes et leur a interdit le travail de nuit, sauf un certain nombre de dérogations à prévoir dans des règlements d'administration publique ; car c'est là le côté pittoresque de ces lois : ceux qui les font en reconnaissent eux-mêmes l'absurdité en les corrigeant par des exceptions.

J'ai combattu cette loi dans des discours que j'ai prononcés les 2, 9 et 11 juin 1888, et le 4 février 1889.

Je me bornerai à rappeler quelques-uns des arguments des partisans de la loi. Habituellement, quand nous, économistes, invoquons des faits qui se sont produits dans le plus vaste champ d'expériences économiques qu'il y ait au monde, l'Angleterre, on nous reçoit très mail. Mais cette fois, c'est l'Angleterre qui a établi la réglementation du travail des femmes ; et alors comme les partisans le al loi faisaient sonner et résonner cet argument ! Cependant l'*act* de 1878 qui règle la matière et qui ne contient pas moins de 65 pages et 10 pages de tables, a été modifié dix fois. Il donne lieu à des chinoiseries telles que celle-ci : une ouvrière, trouvée seule dans une manufacture pendant que ses compagnes sont à déjeuner, provoque une pénalité pour son patron.

Au fond l'argument économique fut celui de la surproduction ; et il s'appliquait aussi bien au travail de nuit des hommes qu'au travail des femmes. M. Lyonnais en arriva à déplorer l'invention de l'éclairage au gaz et de la lumière électrique.

Il y en avait un autre. M. Richard Waddington, rapporteur de la loi, est filateur en Normandie. On n'y travaille pas la nuit et on n'y amortit pas les manufactures. Dans les Vosges, on travaille la nuit et on y amortit rapidement les manufactures. Supprimer le travail de nuit des femmes, c'était un moyen de supprimer des concurrents !

Comme ces choses-là ne se proclament pas tout haut, on revêtait la loi des prétextes qu'on peut être certain de voir intervenir dans toute œuvre législative de ce genre et dont l'hypocrisie n'a d'égale que le mépris des faits.

On déclarait que le travail des femmes était une cause de mortalité pour les enfants. Et la démographie prouve que c'est dans un certain nombre de départements du Midi, peu ou point industriels, que sévit la plus grande mortalité infantile.

On parlait avec attendrissement de la conservation de l'enfant ; mais pour le conserver, il y a comme condition primordiale la bonne situation de ses pères et mères : si la gêne, apportée par les restrictions du travail, dans certains ménages, condamne les enfants à la consomption, a-t-on fait œuvre utile au point de vue de leur éducation et de leur bonne santé ?

Si cette gêne pousse certains ménages, qui auparavant ne comptaient que sur leur énergie et leur travail, à recourir aux ressources de l'Assistance publique ou privée, est-ce donc une manière de consolider les liens de la famille et de rehausser le niveau moral des personnes que de les jeter dans la mendicité ?

Par cette législation, interdisant le travail de nuit aux femmes, sous prétexte de morale, on leur dit :

LIVRE III : LA LÉGISLATION SOCIALISTE

— Allez partout où vous voudrez, allez partout, excepté à l'atelier !

La loi ne vise pas les théâtres, les cafés-concerts et autres lieux. Pourquoi donc cette exception ?

D'après le paragraphe 3 de l'article 5 de la loi, des règlements d'administration publique autoriseront le travail de nuit pendant soixante jours, mais jusqu'à onze heures du soir seulement. Il s'applique tout spécialement au commerce et à l'industrie parisienne qui, on a bien voulu le reconnaître, ont quelquefois des moments de presse font utiles pour compenser les morte-saisons.

M. Waddington disait qu'il s'était assuré par une enquête que soixante jours suffisaient. Soit, mais si soixante jours suffisent, à quoi bon la loi ? Est-ce que l'on fait travailler la nuit pour le plaisir ? Ce travail est payé le double, il entraîne des frais d'éclairage, il est moins bon : n'est-il pas plus simple de laisser chacun agir à son gré, au lieu de soumettre tous les employeurs aux caprices et à l'arbitraire d'un inspecteur ? Mais comme cette obligation de renvoyer les ouvrières le soir à onze heures est intelligente au point de vue de la morale ! Et s'il y a bal demain à la Présidence de la République ou chez le ministre du commerce, chargé d'appliquer cette loi, ou chez les farouches socialistes de l'Hôtel de Ville, n'y aura-t-il point des ateliers de couture qui seront forcés de se mettre en contravention ?

Le législateur enlève à ces couturières, à ces ouvrières, pendant la saison de presse, une partie de leur salaire qu'elles auraient pu économiser ; les en indemnisera-t-il au moment de la morte-saison ?

Le paragraphe 5 va plus loin. Il autorise le travail de nuit qui, paraît-il, n'est plus destructeur de la morale et de la famille, s'il est autorisé, mais « sans que le travail puisse, en aucun cas, dépasser sept heures sur vingt-quatre. » M. Félix Martin a exposé, au Sénat, la situation des brocheuses comme exemple. Elles viendront à l'atelier à neuf heures du soir ; elles pourront y rester jusqu'à quatre heures du matin. Inexorablement, elles devront être mises à la porte, à ce moment, qu'il pleuve, qu'il gèle, qu'il fasse nuit ou qu'il fasse jour ; et ensuite, il sera interdit à ces ouvrières de paraître à l'atelier pendant les dix-sept heures qui sont le complément des vingt-quatre heures !

Yves Guyot

Qu'en résultera-t-il ? Sous prétexte de protéger les brocheuses, la loi les met à la porte de l'atelier et les fait remplacer par des hommes !

Si la loi peut empêcher le travail dans l'atelier, elle ne peut l'empêcher dans le domicile privé ; et si trois voisines viennent s'asseoir autour de la même lampe, auprès du même poêle, ne voilà-t-il pas un atelier qui se constitue ? Quand un gardien de la paix verra une lumière allumée dans une mansarde, ne devra-t-il pas la signaler comme suspecte, et les inspecteurs ne devront-ils pas aller vérifier, si elle n'éclaire point de femmes coupables, puisqu'au lieu d'être dehors, elles sont renfermées pour travailler ?

II. — L'application de la loi du 2 novembre a provoqué des déceptions, soulevé des protestations, et provoqué des grèves.

Une pétition de 328 ouvriers d'Abbeville s'exprime ainsi :

« C'est surtout en hiver, que se produiront les effets désastreux de la loi nouvelle, alors que, gênés par le brouillard, la pluie, la gelée ou la neige, nous serons souvent des journées, des semaines, sans pouvoir travailler efficacement.

« Comment vivrons-nous alors, si, sous prétexte de nous protéger, on nous enlève la faculté de prolonger notre besogne quand la température nous est propice ?

« Empêche-t-on l'ouvrier des champs de rester à ses occupations tout le temps qu'il lui plaît, et quand il le peut ?

« Pourquoi donc exiger autre chose de nous ? »

Plus loin :

« Ainsi, d'un côté, chômages fréquents pour nous ; de l'autre, impossibilité de faire travailler nos enfants qui, par le fait même de cette loi, seraient livrés au vagabondage et au libertinage.

« C'est irrévocablement pour nous tous ici et pour nos familles, le dénûment, l'immoralité, la misère, avec le cortège de tous les maux qu'ils amènent. »

En conséquence, les pétitionnaires demandent :

« 1° À jour de la liberté du travail ;

« 2° À être autorisés, comme par le passé, à employer les enfants avec nous, sous notre garde et notre surveillance, dans tous les ateliers à partir de douze ans. »

LIVRE III : LA LÉGISLATION SOCIALISTE

Les industriels de la Seine-Inférieure, en faveur de qui M. Richard Wadington semblait faire la loi, ont montré tous les inconvénients de la loi : Diminution du salaire quotidien, suppression des quelques minutes de répit dont jouissaient jusqu'ici les ouvrières après l'entrée dans les ateliers et avant la sortie, nouvelle répartition des heures de travail, etc.

Ailleurs ont éclaté des grèves dont la plus considérable est celle d'Amiens : elle a éclaté parce que l'ouvrier s'est aperçu avec stupéfaction, que la loi diminuerait son temps de travail, puisque sans l'aide de femmes et d'enfants, il ne peut rien, et diminuerait également son salaire.

III. — Beaucoup de ceux, du reste, qui ont proposé, défendu et voté cette loi ne dissimulaient pas qu'elle avait pour objet, non seulement de préparer la loi sur la limitation des heures de travail des hommes adultes, mais déjà de la réaliser pour tous les ateliers où le travail est le résultat de la collaboration d'hommes, de femmes et d'enfants.

Elle a encore un autre objet plus ou moins dissimulé. C'est de faire du protectionnisme en faveur du travail des hommes contre le travail des femmes.

Au point de vue moral, c'est fâcheux, certainement, mais il faut bien constater que, depuis plus de trente ans, les hommes ont pour politique de supprimer la concurrence du travail des femmes. Ils le déclareraient franchement que nous les blâmerions à coup sûr de cette régression ; mais c'est bien pis, ils veulent le supprimer en douceur, ils parent leur but d'un tas d'oripeaux empruntés à la garde-robe de Tartuffe. Le congrès socialiste de Tours (novembre 1892) a adopté une résolution déclarant que « la femme doit recevoir un salaire égal à celui de l'homme. » Au point de vue du principe, on ne peut que rendre justice à cette formule : à travail égal, salaire égal ! Mais, par suite d'habitudes prises et qui proviennent des traditions d'ordre, d'économie et de sobriété de la femme, elle peut accepter une tâche égale à celle qu'accomplit l'homme, en se contentant d'un moindre salaire. Ce n'est donc point par souci de l'égalité des droits de la femme que le congrès a adopté cette formule ; sa galanterie n'a point pour mobile un idéal de justice, mais un sentiment de défense.

Yves Guyot

Les socialistes de Tours ont pris cette formule de justice comme moyen de déguiser le fond de leur pensée.

Puis ils continuent plus franchement, disant : « La femme mariée sera bannie de l'atelier ». Mais ils n'ont pas dit que l'homme prenait l'engagement de subvenir d'autant plus complètement à ses besoins qu'il rapporterait sa paie intégrale à la maison. Ils bannissent la femme mariée de l'atelier, cependant elle fait, dans beaucoup de manufactures, des travaux pour lesquels les hommes seraient fort maladroits. Si son salaire, ajouté à celui de l'homme, permet, au ménage, non seulement plus d'aisance, mais encore l'épargne, l'assurance pour les vieux jours, par quelle tyrannie les socialistes de Tours lui défendront-ils de mieux vivre et de commencer à acquérir un capital, en se donnant de la peine ?

Et si l'homme éprouve un chômage, et si l'homme ne subvient pas complètement aux besoins du ménage, ils interdisent à la femme mariée d'intervenir, et ils rejettent tout le ménage à la mendicité de la rue ou du bureau de bienfaisance ! Singulière manière de comprendre la dignité du travailleur !

En revanche, comme compensation, les socialistes de Tours assurent « qu'elle jouira des mêmes droits que l'homme, et qu'elle sera émancipée politiquement. »

En proclamant ses droits, ils oublient le premier de tous, le droit que chacun de nous a d'user de ses forces, de ses facultés, comme bon lui semble, droit qui n'est que l'exercice de la propriété personnelle que chacun a de soi-même ; droit dont on ne peut priver quelqu'un sans la plus monstrueuse tyrannie ; droit qui s'appelle liberté du travail et que les socialistes méprisent comme le méprisaient les propriétaires d'esclaves !

Défendre à la femme de travailler et l'assurer simultanément qu'elle jouira des mêmes droits que l'homme est une aimable raillerie, ainsi que la promesse de son émancipation politique. Les bons socialistes de Tours lui offrent cette ombre en commençant par essayer de confisquer la réalité. Autrement, ils se garderaient bien de parler de cette émancipation politique, car le premier usage qu'en ferait la femme, ce serait de demander pour elle l'accession à des places qui sont encore entièrement réservées à l'homme.

Cette résolution du congrès socialiste de Tours montre un

94

singulier état intellectuel et moral de la part de ceux qui l'ont votée. Ils auraient dit brutalement : « Nous ne voulons pas de la femme dans l'industrie, parce qu'elle nous fait concurrence ! » nous l'eussions compris. Ç'eût été net, franc et sincère.

Mais n'ayant pas eu l'audace de cette loyauté, ils se font les bons apôtres des droits de la femme, se présentent comme ses protecteurs et comme ses alliés, au moment où ils veulent la dépouiller du droit de travailler. Ils la chassent de l'atelier en lui disant, la bouche en cœur :

« — C'est pour ton bien ! » Ils lui enlèvent son salaire, en lui envoyant un baiser : « — C'est par amour pour toi ! »

Ils sont vraiment trop aimables et trop affectueux.

Si ces socialistes de Tours n'ont pas emprunté leurs procédés aux casuistes dépeints par Pascal, je les félicite de leur esprit d'invention : ils les ont retrouvés.

## CHAPITRE IV
### Le chômage forcé des accouchées.

Argument biblique. — Les ouvrières agricoles. — Inspecteurs du travail agricole. — L'indemnité. — Le budget. — Les travailleurs ne semblent pas contribuables à leurs amis.

La Chambre des députés a voté en première délibération (5 novembre 1892) une proposition de loi ayant pour objet d'interdire tout travail aux femmes pendant quatre semaines après leurs couches.

Cette proposition présentée, sous la législature de 1885, par MM. Richard Waddington et de Mun, a été reprise par le D$^r$ Dron. Pour l'appuyer, le D$^r$ Dron a trouvé un argument biblique. Le chapitre XII du *Lévitique* ne prescrit-il pas à la femme accouchée de garder la maison pendant quarante jours et Jésus ne fut-il pas porté au temple seulement après que sa mère eut accompli sa purification ? Et alors il s'écrie : — « On prétend que ce sont des choses qui ne se réglementent pas. » Vous voyez bien que les Juifs ont réglementé.

Et M. Dron nous donne un nouvel argument pour prouver que

Yves Guyot

ces mesures, qu'on présente comme progressives à la démocratie française, ne sont que des régressions.

Toutes ces mesures étant empreintes d'un illogisme qui va jusqu'à la fantaisie, les ouvrières agricoles n'étaient pas comprises dans cette proposition de loi. Il paraît qu'une femme qui va piocher la terre n'avait pas besoin du repos auquel on voulait astreindre les autres. La Chambre, peut-être par ironie, adjoignit à la proposition de M. Dron les ouvrières agricoles. Il fallait voir l'indignation des partisans de la loi. Pour les usines, ateliers, l'application de la loi était remise aux commissions et aux inspecteurs déjà existants. Du moment qu'on y comprenait les ouvrières agricoles, il fallait nommer des inspecteurs du travail agricole. Comme première conséquence de la loi, on instituait des fonctionnaires qui iraient dire aux fermiers, aux propriétaires : « Vous avez une nouvelle accouchée ? vous la faites travailler ? Défense de travailler. — Mais c'est ma femme ! »

L'inspecteur aurait-il répondu : — Ah ! du moment que c'est votre femme, elle n'a ni le droit ni l'obligation du repos !

Dans la loi qui limite le travail des femmes on a complètement oublié — quoique je l'eusse rappelé à la tribune, — que si on empêche quelqu'un de travailler, il faut lui donner une indemnité de compensation. Plus logique, la commission, chargée de l'examen du projet de M. Dron proposait une indemnité de 0 fr. 75 à 2 francs par jour. M. Pablo Lafarque ne manqua pas de surenchérir et de proposer « de 3 à 6 francs selon le prix des vivres dans la localité où la citoyenne demeure. » Qui les payerait ? La commune ! alors les députés se rappelèrent que s'ils offraient ce cadeau à leurs communes, elles ne le leur pardonneraient pas. Les patrons ? Un nouvel impôt sur les patrons ! Pourquoi pas ? Ne doit-il pas être la bête de somme ? Mais on fit cette objection : c'est qu'employer ce système serait supprimer le travail aux femmes enceintes. Le patron les redoutant serait amené à se livrer aux investigations les plus indiscrètes et à mettre à la porte les femmes qui risqueraient de devenir pour lui une charge inutile. S'il n'y avait eu en jeu que les patrons de l'industrie, la Chambre aurait passé outre, mais il y avait aussi les petits propriétaires et les petits fermiers. Il était bien plus simple d'imposer la charge au budget général de l'État. Elle monterait de 8 à 10 millions. Qu'est-ce que cela sur un budget

LIVRE III : LA LÉGISLATION SOCIALISTE

de 3 milliards ? Seulement comme on répète souvent : Qu'est-ce que cela ? le budget grossit à son tour, s'enfle et malheureusement n'accorde pas au contribuable le repos que les socialistes sont si disposés à accorder aux travailleurs aux dépens des contribuables, comme si les travailleurs n'étaient pas contribuables !

## CHAPITRE V
### Le travail national et les ouvriers étrangers.

L'internationalisme théorique et pratique. — Le travail national. — Prétextes. — Propositions de lois : toutes sont timorées. — Loi de police. — « Donner satisfaction à l'opinion publique. » — Titre hypocrite. — Expulsion des étrangers pauvres. — Chinois. — États-Unis et Australie. — Législation de carapace. — Le vrai moyen d'expulser les étrangers.

Cet esprit d'exclusivisme se manifeste par les réclamations faites contre la concurrence des ouvriers étrangers. L'internationalisme est bon dans les discours et dans les agitations politiques de ceux qui parlent au nom des travailleurs, mais ne travaillent pas. Cette fraternité cesse dès que des ouvriers, passant la frontière, viennent faire concurrence au travail national. Les protectionnistes ont demandé des droits de douanes pour le protéger ; il est tout naturel que les ouvriers français en réclament le bénéfice, car s'il est fait par des étrangers, il n'est plus national.

Les prétextes abondent contre les ouvriers étrangers : beaucoup sont des espions ; leur criminalité est de 20 pour mille au lieu d'être de 5 pour mille, taux des Français ; les Italiens vivent entassés dans une même chambre, hommes, femmes, enfants, et au nom de l'hygiène et de la morale, on demande leur expulsion. Enfin, ces ouvriers travaillent à plus bas prix. Ils font une concurrence à la main-d'œuvre français. Donc, ils doivent être expulsés.

Ce mouvement d'opinion s'est exprimé, dans la législature de 1885, par cinq propositions de M. Castelin, Lalou, Macherez, Brincard, Hubbard.

M. Lalou frappe les résidents étrangers âgés de 21 à 45 ans d'une taxe de 24 francs. M. Macherez, de 24 à 48 francs ; M. Brinchard, de 5 pour 100 de leur salaire. Mais cette surenchère pourrait de beaucoup encore être dépassée, sans fermer nos frontières aux ouvriers étrangers.

Quand ces diverses propositions sont venues en discussion à la Chambre, malgré les passions protectionnistes qui l'animent, elles se sont effondrées sous le poids de leur absurdité ; — car leur impuissance est apparue dans tous son rachitisme ; — de leurs conséquences : car, dans aucun autre pays en Europe, de pareilles mesures n'ont été prises, et la réciprocité des expulsions planerait sur nos nationaux, habitant l'étranger.

Le 6 mai, la Chambre des députés a voté une loi qui n'est guère que la reproduction d'un décret du 20 octobre 1888, contenant quelques mesures de police inutiles et vexatoires, prises pour donner un semblant de « satisfaction à l'opinion publique. » La Chambre, toujours obéissant à la même considération, l'a pompeusement intitulée : « loi relative à la protection du travail national. » Et elle ne le protège que dans son titre !

Les députés qui ont proposé les lois que nous venons d'énumérer, et accepté la loi votée par la Chambre le 6 mai 1893 sur la protection du travail national, que pourront-ils répondre, si un homme logique, serrant de près la question, leur dit : Vous nous avez jeté de la poudre aux yeux ! Votre loi ne nous donne pas le monopole du travail national ; aucune des lois qui ont été présentées, pas même celle de M. Brincard ; vous vous jouez donc de nous et essayez d'abuser de notre crédulité ! Allons ! il faut être plus radical et déclarer que tout étranger, surpris en France, sera traité comme un espion et condamné à cinq ans de prison !

Les maçons, les ouvriers de luxe, les bijoutiers, les tailleurs, les confectionneurs interviendront sans doute et demanderont que la proposition ne s'applique pas aux étrangers riches qui viennent dépenser de l'argent dans notre pays et que le privilège de l'expulsion soit réservé aux ouvriers pauvres, ceci au nom de l'égalité et de la fraternité : proposition qui a été émise par M. Hodges, président du Congrès des *Trades unions* à Glascow. Faite à la Chambre des communes, au mois de février 1893, par M. James Lowther elle a réuni 199 voix contre 234.

LIVRE III : LA LÉGISLATION SOCIALISTE

Ils pourraient invoquer contre les Italiens et les Belges qui viennent faire des travaux de terrassement et de démolition, que les Français ne veulent pas faire, contre les Luxembourgeois qui viennent balayer nos rues à des conditions que ne veulent pas accepter les Français, l'exemple des États-Unis qui a proscrit les Chinois et de l'Australie qui a limité le nombre de leur importation.

Mais en l'invoquant, prouveraient-ils que c'est un acte logique et moral, de la part des Européens, d'être allés ouvrir la porte de la Chine à coups de canon, avec cette restriction mentale que cette porte ne servirait qu'à entrer et jamais à sortir ?

Les États-Unis défendent leurs frontières contre l'émigration comme ils les défendent contre l'importation des produits européens : refus de recevoir des indigents, incapables de travail ; refus de recevoir des ouvriers embauchés à l'étranger, par protection pour le travail national, afin qu'ils ne viennent pas plus faire concurrence aux grèves organisées que les marchandises ne puissent faire concurrence aux *trusts* (accaparements) convenus sous le bénéfice de la protection douanière. Au mois de décembre 1892, trente ouvriers souffleurs de verre amenés de Belgique, pour remplacer les grévistes, par le steamer *Friedland* ont été mis en quarantaine et renvoyés : et la compagne Pittsuburg, qui les avait fait venir, est susceptible d'une amende de 25.000 francs par tête.

Que prouvent ces mesures ? Que les citoyens actuels des États-Unis oublient qu'ils sont descendants d'émigrés et beaucoup émigrés d'hier ; que ce sont leurs qualités d'initiative, de force et d'énergie qu'ils y ont portées, qui ont fait la grandeur de leur pays. Ils ont peur de ce qui fait la puissance de leurs ancêtres et la leur. Ils veulent se protéger, c'est-à-dire s'atrophier. Ils sont aussi imprévoyants qu'injustes en tentant de se défendre contre l'émigration européenne et l'émigration chinoise.

En dépit de leurs déclamations, l'ambition des socialistes français n'est pas de rayonner sur le monde et de le conquérir par leur force d'expansion, leur vigueur, leur habileté, leur puissance ; ils veulent se préserver contre la concurrence des étrangers. Ils font la tortue et demandent à la loi de fermer la carapace sous laquelle ils auront tout le loisir de s'engourdir. Leur internationalisme de parade et de parole est le plus étroit particularisme de fait. Les mineurs du Pas-

Yves Guyot

de-Calais, au mois d'avril 1893, l'ont prouver quand ils ont voulu expulser les mineurs belges, et ces actes préliminaires donnaient une autorité évidente à leurs représentants, quand ils se sont rendus au congrès universel des mineurs de Bruxelles !

Mais les socialistes, qui demandent l'expulsion des 1.100.000 étrangers vivant en France, ne se sont-ils jamais demandé pourquoi lis y venaient en si grand nombre ? Sinon ils auraient vu, une fois de plus, que le travail obéit à la loi de l'offre et de la demande ; que s'il y a tant d'étrangers qui nous offrent leur travail, c'est qu'ils trouvent chez nous des conditions plus avantageuses que dans leur pays d'origine, et il n'y a qu'un seul moyen efficace de les refouler au delà de nos frontières, c'est la diminution de la production, et l'abaissement du taux des salaires.

## CHAPITRE VI
### Les syndicats professionnels.

Loi de liberté comprise comme loi de monopole. — Les patrons et les syndicats. — La chambre syndicale des chemins de fer. — Usage abusif de la loi sur les syndicats. — La cuisinière syndiquée. — Loi Bovier-Lapierre. — Un chapelier entre deux syndicats. — Le délit patronal. — La proposition de loi du Sénat. — Syndicats obligatoires. — Les ennemis des syndicats.

Cet esprit de protectionnisme et d'exclusivisme, nous le retrouvons dans la manière dont les socialistes, et ceux qui les suivent par inconscience ou par timidité, comprennent la loi du 21 mars 1884 sur les syndicats professionnels. Les hommes qui l'ont réclamée et préparée la considéraient comme une loi de liberté. Les socialistes, qui veulent s'en servir, la comprennent comme une loi de monopole et d'oppression, ont voulu rendre le syndicat obligatoire, et par les prétentions qu'ils ont émises et les actes dont ils les ont trop souvent accompagnées, ont semblé prendre à tâche de prouver que la loi avait devancé de beaucoup les mœurs, capables de l'appliquer.

Que certaines réclamations, venant des ouvriers, soient fondées ; que des patrons aient vu de fort mauvais œil la loi sur les syndicats et aient voulu empêcher leurs ouvriers d'en faire partie, que certains aient congédié les travailleurs qui avaient pris l'initiative d'en organiser, nous l'admettons volontiers. Ces faits nous paraissent d'autant plus vraisemblables que beaucoup des ouvriers qui ont constitué des syndicats, les ont érigés en machine de guerre et n'ont point dissimulé leur intention de s'en servir, non pour faire de la conciliation, mais de la guerre sociale.

Beaucoup ont cru que, du moment qu'ils seraient syndiqués, lis seraient les maîtres de l'atelier et échapperaient à tout contrôle et à toute discipline.

Je rappelle, à ce sujet, la conversation que j'eus avec la chambre syndicale des employés de chemins de fer à Tours, le 14 juin 1891, au lendemain de la grève des ouvriers de chemins de fer qui avait eu pour point de départ le renvoi de vingt-cinq ouvriers par la compagnie d'Orléans. Je tins ce langage :

N'abusez pas de la loi sur les syndicats. Tenez, voici un exemple. Il y a eu ici un employé, M. X… M. X avait fait à la compagnie des chemins de fer de l'État des actes qui demandaient une répression. Le directeur de la compagnie s'en plaignit, je chargeai un ingénieur de vérifier les faits.

M. Millerand m'annonça qu'il m'interpellerait à ce sujet : je le priai de venir dans mon cabinet pour causer avec moi : il y vint et renonça à son interpellation.

Un autre député m'ayant annoncé qu'il m'interpellerait aussi à ce sujet, je le priai de me prévenir du jour de l'interpellation, parce que je révoquerais M. X. la veille.

M. X. a quitté la France, et il ne s'agit ici d'aucun de vous ; mais rappelez-vous bien que si la loi sur les syndicats vous donne des droits, elle ne vous donne pas tous les droits, que vous ne pouvez vous en servir pour troubler les services et faire de l'indiscipline.

Chaque fois que les patrons voudront la voter à votre égard nous la ferons respecter, mais quand des ouvriers voudront abuser de cette loi, se servir de leurs fonctions dans le syndicat pour jeter la perturbation dans le travail même de leurs camarades, nous ne vous soutiendrons pas.

Prenez garde, en abusant de la loi sur les syndicats de provoquer une réaction contre elle. Le jour où un petit bourgeois ne pourra plus renvoyer sa cuisinière, sous prétexte qu'elle fait partie d'un syndicat, les syndicats auront vécu.

M. Bovier-Lapierre voulut justifier les prétentions à l'inamovibilité des ouvriers syndiqués et déposé la loi qui porte son nom et que la Chambre des députés a fini par adopter. Cette loi ne vise que les patrons. Elle les frappe d'un emprisonnement de dix jours à un mois, et d'une amende de 100 francs à 2.000, s'ils ont troublé le fonctionnement des syndicats professionnels. La rédaction est assez naïve : car elle comporte le « refus motivé d'embauchage. » Et si le patron refuse d'engager un ouvrier sans dire pourquoi, comment la loi pénétrera-t-elle son intention ? Mais si un patron renvoie un ouvrier syndiqué, celui-ci pourra toujours déclarer que c'est à sa qualité de syndiqué qu'il doit son renvoi. La loi Bovier-Lapierre a, sinon pour objet, du moins pour résultat de rendre inamovible tous les ouvriers, pourvu qu'ils fassent parti d'un syndicat. Le patron doit les conserver sous peine de police correctionnelle ; et il s'est trouvé une majorité à la Chambre pour voter ces dispositions.

Voici un fait qui montrera les conséquences de l'application de la loi Bovier-Lapierre :

À Bordeaux existe un syndicat d'ouvriers chapeliers. Le syndicat avait interdit à ses membres de travailler au-dessous d'un certain tarif. Un patron, trouvant ces exigences excessives, se rendit à Barsac et y embaucha des ouvriers qui consentirent à accepter ces conditions. Après un certain temps d'attente, les syndicataires de Bordeaux renoncèrent à leurs prétentions, se présentèrent au patron et obtinrent d'être reçus dans ses ateliers. Mais une fois dans la place ils ne voulurent point supporter la concurrence des gens de Barsac, ils intimidèrent le patron et le contraignirent de renvoyer ces nouveaux venus. Les ouvriers congédiés assignèrent le patron au conseil des prud'hommes ; il fut condamné à payer à chacun d'eux 200 fr. de dommages-intérêts. Il y a dans cette série d'épisodes un ensemble de faits qui occasionneraient des conséquences au moins bizarres, si l'on voulait appliquer la loi Bovier-Lapierre.

Le syndicat de Bordeaux a commencé par opprimer ses adhérents en les empêchant d'accepter de l'ouvrage à un prix déterminé, puis il a opprimé le patron en l'obligeant à expulser les ouvriers qu'il avait embauché à Barsac, enfin il a également fait acte d'oppression en chassant de l'atelier le personnel dont il se refusait à supporter la présence. Sous le régime de la loi Bovier-Lapierre, la situation du chef d'entreprise dans ces difficiles circonstances aurait été, on en conviendra, fort pénible. Qu'on suppose, en effet, les ouvriers de Barsac syndiqués comme ceux de Bordeaux. Le patron aurait eu, à la fois, à donner satisfaction aux sommations de deux syndicats et quelle qu'eût été sa décision, le syndicat qu'il aurait refusé d'écouter, aurait pu le faire condamner à un mois de prison et 2.000 fr. d'amende.[1]

Le Sénat, après avoir repoussé le texte de la Chambre, que M. Goblet n'avait même pas osé reprendre, et accepté un texte bilatéral, avait reproduit l'article 414 du Code pénal en y ajoutant « dans le but de porter atteinte au droit des ouvriers ou des patrons de ne pas faire partie d'un syndicat professionnel. » Il y avait ajouté une disposition visant « les décisions prises par une collectivité de patrons ou d'ouvriers organisés ou non en syndicat. » Mais puisque cet article reproduit à peu près les dispositions de l'article 414 du Code civil, à quoi bon ce nouveau texte ? C'est ce que s'était demandé le rapporteur lui-même, M. Trarieux ; et dans la séance du 7 juillet, par 195 voix contre 33, le Sénat a tout rejeté, et avec d'autant plus de raison, qu'il n'aurait pas donné satisfaction aux socialistes et aux députés qui ont voulu, avec M. Bovier-Lapierre, créer le délit patronal et imposer de force, sous peine d'amende et de prison, la présence dans l'atelier d'ouvriers qui y jetteraient le trouble, l'indiscipline et défieraient tout ordre qui ne leur conviendrait pas !

La loi, adoptée par la Chambre des députés le 3 novembre, a fortifié encore cette action dissolvante en considérant comme pouvant faire partie d'un syndicat ceux qui, depuis moins de dix ans, ont exercé des métiers similaires.

Mais MM. Bovier-Lapierre et ses amis nous paraissent avoir fait de vains efforts pour donner satisfaction aux exigences socialistes : car les représentants de la Bourse du travail ont déclaré que peu leur importait cette loi, puisqu'ils ne reconnaissaient pas la loi de 1884, et ont proclamé qu'ils entendaient n'être groupés et régis que d'après leur propre convenance et leur bon plaisir.

1 *Siècle*, 5 mai 1892.

Yves Guyot

Ceux mêmes qui acceptent la légalité des syndicats ne sont pas satisfaits du rôle qui leur est attribué. Nous avons vu le Congrès de Tours demander qu'ils règlent les salaires et surveillent les ateliers.

Le Congrès de Bienne (avril 1893) a réclamé les syndicats obligatoires dans chaque profession. Ils détermineront les conditions du travail, la journée normale, le taux du salaire. Les décisions prises auront force de loi pour tous les patrons et ouvriers.

Du moment que je me permets de déclarer qu'un syndicat, même légal, n'a pas tous les droits, qu'il n'a pas le droit de constituer un monopole et de priver un ouvrier de travail, s'il refuse d'en faire partie, on ne manquera pas de dire que je suis un ennemi des syndicats.

Pour moi, au contraire, les ennemis des syndicats, ce sont ceux qui veulent les constituer en monopoles, confisquer à leur profit toute une partie de l'activité de la nation, en faire l'apanage des audacieux et des habiles qui ont su en prendre la direction et transformer des organismes destinés à développer les garanties de la liberté individuelle en instrument d'oppression.

Les ennemis des syndicats, ce sont ceux qui, par leurs pratiques et leurs paroles, semblent prendre à tâche de justifier la loi des 14-17 juin 1791 abolissant les anciennes corporations et stipulant « la défense de les rétablir de fait sous quelque forme et sous quelque prétexte que ce soit. »

Les ennemis des syndicats, ce sont ceux qui déclarent que la loi de 1884 est non avenue pour eux et qu'ils entendent constituer des corporations ayant, pour principal objet, non pas de discuter les intérêts de la profession, mais de préparer la guerre sociale.

## CHAPITRE VII
### Les bureaux de placement.

Le monopole du travail. — Le placeur professionnel. — La formule du salaire libre. — But de la loi : donner le monopole du placement aux syndicats.

Toute la politique des syndicats ouvriers est d'obtenir le monopole du travail.

Le jour où ils l'auront, tous les travailleurs seront bien obligés d'en faire partie. Un des moyens qu'ils ont trouvés pour obtenir ce monopole, c'est la suppression des bureaux de placement. La commission de la Chambre des députés, chargée d'examiner les proposition de MM. Mesureur et Millerand, Dumay et Joffrin, adopta ce système dans un rapport de M. Arnault Dubois. Le projet interdit sous les pénalités les plus sévères tout placement qui donnerait lieu à une rémunération. Il réserve le placement aux municipalités, et en fait, aux syndicats qui sont même, par l'article 8, dispensés de toute surveillance.

La question vint le 8 mai à la Chambre des députés. Je rappelai le rôle du placeur, et indiquai son utilité économique.

« Le rôle d'intermédiaire entre la demande et l'offre d'emploi est un service comme un autre qui mérite d'être rémunéré.

« Et c'est précisément parce qu'il est rémunéré, parce qu'il procure une rémunération, que des gens s'en occupent. Ils font appel aux employés, les employeurs répondent à cet appel, et ils deviennent ainsi un pignon d'engrenage entre les uns et les autres. Leur utilité est telle qu'ils ont conservé, malgré les efforts des multiples concurrences instituées contre eux, plus des quatre cinquièmes des placements d'ouvriers et d'employés qui se font actuellement. »

Je montrai le placeur, essayant de satisfaire sa clientèle, ayant ses dossiers personnels, stimulé par son intérêt et la concurrence.

Le rapporteur avait posé le principe que « le salaire devait être libre de toute redevance et l'article 1er l'affirmait : « Le placement des ouvriers est libre et gratuit. »

Cette formule prouve l'influence d'un mot comme « gratuit. » J'y fis les observations suivantes :

Vous avez posé le principe que le salaire doit être libre de toute redevance. Mais croyez-vous que souvent il n'est pas assujetti par des dettes du passé, du métier, d'apprentissage, dettes à l'égard des parents qui, à l'ouvrier, ont permis d'apprendre un métier, jusqu'au moment où ouvrier typographe, ouvrier ajusteur, il peut être mis en possession de son état ? Allez-vous les annuler ces dettes ? Les supprimer serait la conséquence du principe que vous posez.

Yves Guyot

Mais il y en a encore d'autres ! On parle beaucoup de l'assurance contre les accidents, on réclame même l'assurance obligatoire, on demande que l'ouvrier prélève sur une partie de son salaire pour la caisse des retraites, etc.

Tout cela est en contradiction avec votre déclaration de principe : « L'accès de l'école est gratuit, pourquoi celui de l'atelier ne le serait-il pas ? Le salaire doit être libre de toute redevance. »

M. Frédéric Grousset. — Et les cotisations des syndicats ?

M. Yves Guyot. — Parfaitement, je vais y arriver.

Si quelqu'un veut s'assurer sur la vie et si, pour gage de son assurance il donne son salaire, allez-vous le lui interdire ? J'imagine que non.

Enfin, vous parlez de la gratuité du placement. Est-ce que, par hasard, les syndicats ont des ressources providentielles ? Est-ce que les ressources des syndicats ne viennent pas, au contraire, de la cotisation des membres du syndicat ? (*Très bien ! très bien ! au centre.*)

Lorsque les ouvriers qui seront placés par les syndicats dont ils font partie, auront commencé, par payer les cotisations à ce syndicat, j'imagine que la formule absolue du principe proclamé par M. Arnault Dubois ne sera pas complètement respectée !

Quant au but de la loi, voici en quels termes je le caractérisai :

M. Yves Guyot. — Ce que vous entendez faire, c'est donner le monopole des placements aux syndicats ouvriers.

M. François Deloncle. — C'est cela !

M. Antide Boyer. — Mais ils fonctionnent à Paris !

M. Yves Guot. — Voici le texte de l'article 8 :

« Art. 8. — Les bureaux de placement, à l'exception de ceux fonctionnant en vertu de la loi du 21 mars, seront inspectés par un employé de « l'office du travail » et soumis à des règlements de police. »

Permettez-moi de vous le dire, monsieur le rapporteur : véritablement la rédaction de cet article de loi n'est pas suffisamment claire, ni loyale. (*Exclamations à l'extrême gauche.*)

M. Montaut. — C'est un mot malheureux !

M. Yves Guyot. — Nullement : il est intentionnel.

M. Lucien Millevoye. — Alors, c'est de la préméditation !

M. Yves Guyot. — Oui, il eût été plus franc de dire que les bureaux de placement des syndicats sont soustraits à toute espèce de contrôle. Voilà quel devrait être le texte de la loi : transformez votre négation en une affirmation.

M. Lavy. — Vous vous plaignez qu'il n'y a pas assez de police ?

M. Yves Guyot. — Ce que vous voulez, c'est donner un monopole aux syndicats ouvriers, et cela en dehors de toute espèce de surveillance et de tout contrôle.

Eh bien ! vraiment, en admettant que tout ne soit pas pour le mieux dans les meilleurs bureaux de placement possibles, croyez-vous donc que, lorsque vous aurez donné le monopole du placement aux syndicats ouvriers, tout sera parfait ? Croyez-vous donc que les Syndicats ouvriers sont des espèces de Bétiques dans lesquels tous les membres filent des idylles ? Croyez-vous donc qu'il n'y ait pas de compétitions, de rivalités et des jalousies ? Croyez-vous qu'il n'y a pas dans les syndicats des majorités et des minorités ? Est-ce que les majorités d'aujourd'hui ne peuvent pas opprimer les minorités ? Pensez-vous que tel ouvrier qui aura été mal vu par la majorité de tel ou tel syndicat parce qu'il n'aura pas voulu concourir à l'élection de tel ou tel président de syndicat sera placé par le syndicat dont vous parlez ?

Et vous enlevez toute espèce de contrôle ! vous supprimez toute espèce d'inspection ! et, alors que, par votre article 7, vous déclarez qu'il ne peut y avoir que des placements par l'intermédiaire des syndicats, vous enlevez du même coup toute responsabilité aux syndicats que vous instituez… (*Applaudissements*).

Si je demande à la Chambre de ne pas passer à la discussion des articles, c'est parce que je voudrais qu'elle se mît en travers d'une de ces lois qui, sous des apparences plus ou moins généreuses, — car je ne conteste pas à coup sûr la bonne foi de M. le rapporteur, — ne tendraient à rien moins qu'à constituer un monopole non pas en faveur de la grande généralité de la population ouvrière, — car il faut bien le dire, les syndicats tant réguliers qu'irréguliers, ne comptent que 208.000 membres, c'est à dire moins de 2% de la population ouvrière et industrielle de la France, — constituer tout simplement un monopole en faveur et au profit d'un certain nombre de ces meneurs qui espèrent abuser de la crédulité et de la bonne foi des ouvriers en France. (*Applaudissements répétés sur un grand nombre de bancs. — L'orateur, en retournant à son banc, reçoit des félicitations.*)

La loi fut ajournée : mais le gouvernement n'osa même pas s'opposer à la prise en considération.

## CHAPITRE VIII
### Caractère des « lois ouvrières. »

I. Esprit de privilège. — Les associations ouvrières et les travaux publics. — Les privilèges et le conseil municipal de Paris. — II. L'impôt et les sociétés coopératives. — Le privilège, c'est le progrès ! — La participation aux bénéfices. — Son caractère. — La participation aux bénéfices et les ouvriers de l'État. — III. L'arbitrage obligatoire. — IV. La loi sur les accidents. — Le risque professionnel. — L'assurance obligatoire. — L'hygiène du travail. — Confiscation. — La propriété et le président du conseil. — VII. Arbitraire et police. — VIII. « Les lois ouvrières ». — « L'interpellation hebdomadaire. » — L'article 416. — L'article 1781. — Le livret ouvrier. — Lois de progrès, lois d'égalité. — Constitution du Quatrième état. — Législation rétrograde.

I. — Toutes ces lois, ayant pour objet de protéger les ouvriers, de substituer au contrat privé des arrangements d'autorité, d'interdire aux uns, de permettre aux autres, sont empreintes de l'esprit de privilège.

Dans les marchés faits au nom de l'État, le décret du 4 juin 1888 donne aux associations ouvrières pour les travaux et fournitures n'excédant pas 50,000 francs, un droit de préférence à égalité de rabais sur les autres concessionnaires. La Chambre des députés a étendu ces dispositions aux chantiers communaux.

On a proposé au Conseil municipal de fournir l'outillage nécessaire et les matières premières à toute association ouvrière chargée des travaux de la ville, et j'ai entendu, dans la commission d'enquête de 1882, des sociétés ouvrières repousser avec énergie ce cadeau, en disant : « Où voulez-vous que nous fassions des bénéfices, si nous ne pouvons pas nous procurer nous-mêmes les matières premières ? »

Le petit entrepreneur, ancien tâcheron d'hier, qui paye l'impôt comme tous les citoyens, n'a-t-il pas le droit de se plaindre de cette faveur accordée à un concurrent pas le seul fait qu'il porte le titre d'« association ouvrière ? »

Par son cahier des charges de 1887, le Conseil municipal de Paris en faveur des ouvriers employés aux travaux faits pour son compte, exigeait un maximum de travail et un minimum de salaires : que faisait-il ? sinon leur donner un privilège. Et les autres ouvriers, simples contribuables, du moment que les travaux publics revenaient à un taux plus élevé, devaient payer plus pour les camarades et avoir moins de services en échange.

II. — S'imaginant aussi que les sociétés coopératives ne sont que des sociétés ouvrières, la Chambre des députés, après le Sénat, a voté une loi les exemptant de droits de timbre et d'enregistrement dans ses articles 32 et 33 ; de l'impôt sur le revenu pour leurs bonis, dans son article 19, renouvelé de la loi du 1er décembre 1875 ; et, dans son article 30, les affranchissant de toutes les taxes commerciales, patentes et licences. Comme je demandais l'égalité devant l'impôt pour les sociétés coopératives, le rapporteur, M. Doumer, qualifia mes amendements de réactionnaires, prouvant, une fois de plus, que le progrès pour les socialistes audacieux ou timides, consiste à constituer des privilèges.

Le titre VI de la loi sur les sociétés coopératives oblige les sociétés de production à faire participer le personnel auxiliaire de 50% de leurs bénéfices. Et s'il n'y a qu'un auxiliaire, aura-t-il droit aux 50% de bénéfices ?

La loi contient une disposition utile : elle permet à un commerçant ou industriel de faire participer ses ouvriers et employés aux bénéfices, sans que cette participation entraîne pour lui aucune responsabilité ; et elle les autorise à renoncer à tout contrôle et à toute vérification.

Pour considérer cette situation comme une participation aux bénéfices, il faut être disposé à se payer de mots. La vérité, dans ces

Yves Guyot

conditions, c'est que, d'après ses bénéfices, le patron peut donner une prime à ses employés et à ses ouvriers. Mais cette prime n'est-elle pas une incitation à la surproduction, une des formes du travail à la tâche ? D'où vient donc que certains socialistes acceptent et réclament la participation aux bénéfices ?

Quant à nous, nous sommes très partisans de cette forme de rémunération du travail, comme de toute institution qui provoque l'initiative et l'activité du travailleur, mais cette prime doit être considérée comme une partie du salaire, dont le taux fixe pourra être abaissé d'autant plus que le bénéfice aléatoire lui donnera une compensation plus grande.

M. Guillemet a déposé une proposition de loi obligeant tout concessionnaire de l'État, des départements ou des communes, pour une durée de cinq ans, à associer son personnel à la participation des bénéfices. Mais tous les concessionnaires de l'État font-ils des bénéfices ? Les plus considérables, les compagnies de chemin de fer, ne vivent toutes, sauf une, que par la garantie d'intérêts ? Considérez-vous qu'elles donnent des bénéfices ?

M. Guillemet demandait encore que l'État organisât la participation aux bénéfices dans toutes les usines, manufactures et exploitations qu'il gère lui-même et dont il met en vente les produits.

M. Guillemet oubliait que l'État n'est pas un capitaliste, qu'il ne prend ses ressources qu'aux dépens des contribuables ; qu'il ne fait pas de bénéfices quand il force les fumeurs d'acheter du tabac exclusivement sorti de ses manufactures, mais qu'il prélève un impôt ; que les ouvriers des manufactures de l'État, une fois leur salaire payé, n'ont aucun droit à participer à des ressources qui ne peuvent avoir que deux objets légitimes : ou des dégrèvements en faveur des contribuables ou la rémunération des services publics. Il invoquait l'exemple donné, dans ses manufactures de tabac, par le Portugal. Malheureusement la gestion financière de ce pays n'est pas assez encourageante pour nous éviter à suivre ses errements.

La Commission me demanda, comme ministre des Travaux publics, si je voulais intéresser les employés des chemins de fer de l'État à la participation aux bénéfices ; je répondis qu'avant d'en disposer, il fallait en avoir ; qu'on pouvait donner aux employés des primes de toute sortes, mais que c'était user d'un terme impropre que de se servir du mot : bénéfice. Il paraît qu'un de mes collègues avait promis de faire participer les ouvriers aux bénéfices d'un établissement de l'État qui ne vend pas ses produits. On me reprocha amèrement de n'être pas aussi conciliant.

III. — Le Parlement a adopté une loi sur l'arbitrage, promulguée le 28 décembre 1892, mais ceux qui la préconisaient, comme un remède souverain, comme s'il suffisait d'établir un tribunal pour supprimer les procès, avaient si peu de confiance dans son efficacité qu'ils voulaient l'arbitrage obligatoire. Au moment même où MM. Clémenceau, Millerand et leurs amis le réclamaient avec une violence qui contrastait singulièrement avec le caractère d'une loi de conciliation, les mineurs de Carmaux, sur leur propre incitation, refusaient l'arbitrage. L'arbitrage obligatoire serait-il donc devenu facultatif quand la sentence n'aurait pas convenu à l'une des parties ? Certes, il vaut mieux s'expliquer et s'entendre, plutôt que d'injurier et battre. Le code de procédure civile avait déjà prévu l'arbitrage. La nouvelle loi le met à la disposition des gens qui en useront, s'ils le veulent : et jusqu'à présent, nous avons vu les grévistes le repousser dédaigneusement.

M. Jourdes voulait imposer l'obligation de l'arbitrage à l'État pour ses ouvriers ; et il avait raison du moment que certains de ses collègues voulaient lui imposer aussi l'obligation de la participation aux bénéfices.

L'arbitrage obligatoire, c'est, pour les deux parties la suppression du contrat librement consenti.

IV. — Une loi sur les accidents se promène depuis plusieurs années entre la Chambre et le Sénat. Dans son projet, le Sénat intervertit la procédure de la preuve, ce qui nous a toujours semblé juste. Ce n'est plus à l'ouvrier blessé dans son travail à faire la preuve qu'il n'a pas commis de faute lourde ni d'imprudence. Mais de là, à l'assurance obligatoire, il y a d'autant plus loin que, dans le système proposé par la commission de la Chambre des députés, ce seraient les gros établissements toujours frappés au maximum aujourd'hui, en cas d'accidents, qui y trouveraient des avantages, tandis que pour les petits établissements, ce serait une difficulté de plus apportée à leur constitution et une charge ajoutée à leur exploitation. Singulière manière d'encourager l'agriculture que de soumettre à cette obligation quiconque se servira d'une machine à battre ! Et pourquoi pas ceux qui ont une charrette ? ce sont les charretiers qui courent le plus grand risque professionnel.

Le projet a 84 articles. Ce sera à la prochaine législature d'en finir l'examen. La Chambre actuelle aurait pu se mettre d'accord avec le Sénat ; mais le mot « obligatoire » est un si beau mot, qui résonne si bien, qui montre à la fois l'énergie, l'autorité, la décision, la passion du bien, le mépris des intérêts particuliers, le souci de l'intérêt général écrasant devant lui toutes les difficultés et tous les droits, qu'on a préféré faire semblant de discuter le projet et le remettre à plus tard afin de faire retentir, comme un kong, le mot : « obligatoire » devant les électeurs !

V. — La sécurité du travail, l'hygiène : projet de M. Lockroy, grand rapport de M. Ricard, autre projet de M. Jules Roche et enfin loi promulguée, le 13 juin 1893. Ces projets ne visent jamais que les ateliers, les manufactures ; et pourquoi pas le travail agricole ? Réunit-il donc toutes les conditions de l'hygiène et de la sécurité ?

On lance des inspecteurs dans toutes les usines et manufactures ; mais auparavant, dans tous les projets, on leur faisait prêter le serment qu'ils ne dévoileraient aucun des secrets qu'ils pourront y surprendre ! Cette disposition a disparu dans le texte définitif. Quant aux difficultés d'application, selon l'habitude, on laisse au Conseil d'État la tâche de les surmonter à l'aide d'un règlement d'administration publique.

VI. — Dans les divers projets relatifs à la sécurité et à l'hygiène des travailleurs, les contrevenants iront en police correctionnelle et la pénalité atteint des chiffres assez ronds par chaque contravention constatée : mais de plus, si l'industriel n'a pas exécuté les mesures de sécurité qui lui seront imposées — par qui ? par l'inspecteur ? — dans le délai fixé par le jugement, le préfet pourra ordonner la fermeture de l'usine : perspective rassurante qui doit engager les capitaux à entrer dans l'industrie !

La loi adoptée donne à l'industrie la garantie d'un jugement, prononcé après une nouvelle mise en demeure. Mais les dispositions primitives des projets et proposition montent combien les principes les plus simples sont obscurcis. À propos de l'hygiène, non plus « ouvrière », mais générale, le 26 juin 1893, M. Chales Dupuy, président du Conseil, dit : — Croyez-vous donc que nous nous arrêterons « sous prétexte de propriété » ? et il oppose la « solidarité », ce mot vague, à cette chose tangible, la propriété ; et comme je rappelle que toute notre société civile est fondée sur la propriété individuelle, il me répond : — « C'est de l'économie politique ! » Et il obtient d'être applaudi avec frénésie par M. Jourde, député socialiste boulangiste.

VII. — Mettre le patron à la porte de l'atelier pour y installer à sa place le syndicat : telle est la politique poursuivie avec persévérance par les socialistes et à laquelle s'associe volontiers la majorité de la Chambre sans jamais cependant satisfaire leurs exigences.

La Chambre des députés a adopté une loi autorisant les patrons à établir des règlements d'atelier. Si la loi s'en était tenue là, elle eût été inutile. M. Ferroul et ses amis demandaient que le règlement ne fût élaboré qu'avec le consentement des ouvriers. La Chambre n'accepta pas cette disposition, mais elle vota un amendement de M. Dumay « interdisant toute retenue de salaires soit sous le nom d'amendes, soit sous toute autre appellation[1] ». Quelle sera la sanction du patron, dans ces conditions ? il n'en aura plus qu'une : la mise à pied ou le renvoi. M. Dumay a-t-il cru rendre service aux ouvriers en remplaçant les autres sanctions par cette sanction plus grave ?

Il est vrai que M. Dumay, étant partisan de la loi Bovier-Lapierre, espérait que le patron ne pourrait avoir recours à cette dernière mesure à l'égard de l'ouvrier syndiqué, sous peine de passer en police correctionnelle et d'encourir l'amende et la prison.

Dans ces diverses conceptions, le contrat de travail passe du droit civil dans le droit criminel : à tout instant, le patron est exposé, pour le travail des femmes, des enfants, pour l'hygiène, pour la sécurité des ouvriers, à se voir traduit en police correctionnelle, condamné à l'amende en attendant la prison, condamné même à la confiscation, pilorié par affiches. Ces sanctions pénales peuvent-elles avoir pour résultat de rehausser la dignité de l'industrie, d'y appeler des concours les plus élevés, d'aider au développement de la prospérité de notre pays ?

1 Je m'aperçois que, dans le *Journal Officiel*, je suis porté par erreur comme ayant voté *pour*.

Yves Guyot

Dans la séance du 8 mai, à propos des bureaux de placement, voici ce que je disais à ce sujet :

M. MESUREUR. — Est-ce que le « vieux petit employé » serait mort. (*Rires*).

M. YVES GUYOT. — Non, il n'est pas mort. (*Nouveaux rires*).

UN MEMBRE À GAUCHE. — Il est bien malade !

M. YVES GUYOT. — Mais non ; il se porte fort bien ! C'est même parce qu'il a une certaine compétence dans les affaires de police qu'il combat ce projet.

Ah ! messieurs, avec toutes vos lois sur les règlements du travail, sur les heures de travail, sur les mesures hygiéniques, que faites-vous en réalité ? Vous augmentez les pouvoirs de la police. (*Très bien ! très bien ! à gauche et au centre.*)

Vous créez des inspecteurs, des agents de police ; vous faites de nouveaux délits ; vous ouvrez de nouvelles portes à l'arbitraire ; vous créez de nouveaux coupables . (*Très bien ! sur sur divers bancs.*)

Et c'est précisément en ma qualité de « vieux petit employé », si vous voulez, que j'ai la plus grande méfiance à l'égard de l'intervention de la municipalité et de la police dans les détails de la vie quotidienne, que je suis opposé à la proposition qui vous est soumise, comme j'étais opposé dernièrement à la proposition de loi sur les sociétés coopératives et comme je me suis opposé autrefois à la loi sur la limitation des heures de travail.

PLUSIEURS MEMBRES À L'EXTRÊME GAUCHE. — Comme à toutes les lois ouvrières !

« Lois ouvrières ! » telle est l'expression dont on se sert pour désigner la mise en œuvre législative des conceptions socialistes. La Chambre des députés avait réservé un ou deux jours de la semaine pour discuter « les lois ouvrières ». Pendant que j'étais ministre, ce jour était habituellement agrémenté par une interpellation, dans laquelle on me demandait pourquoi je n'avais pas fait un certain nombre de miracles socialistes. Comme j'avais toujours refusé d'en promettre et déclaré que je n'essayerais pas, les socialistes s'acharnaient d'autant plus à m'en demander et m'honoraient d'une interpellation « hebdomadaire », épithète qui les choqua, sans doute parce qu'ils ne la comprirent pas, quand je m'en servis pour désigner leur habitude.

Comme le 14 janvier 1893, n'étant plus ministre, je ne pouvais paraître craindre de vouloir éviter ces interpellations en m'opposant à la désignation d'un jour par semaine pour « les lois ouvrières », j'en profitai pour protester contre cette appellation.

Il résulterait de là qu'il y aurait un certain nombre de lois qui seraient faites pour les ouvriers, alors qu'ici nous sommes tous chargés de faire des lois d'intérêt général pour tous les citoyens. (*Très bien ! très bien ! Bruit à l'extrême gauche.*)

Est-ce que vous croyez, par exemple, que si l'on fait une loi comme la suppression des octrois, cela n'intéresse pas les ouvriers ? Croyez-vous donc que si l'on fait une loi sur la réglementation des Halles dont on parlait tout à l'heure, cela n'intéresse pas les ouvriers ? Est-ce qu'il y a une seule des lois que nous fassions ici, qui n'intéresse pas les ouvriers, par cela même qu'ils sont des citoyens, des consommateurs et qu'ils sont très nombreux. (*Interruptions.*)

Lorsque nous discutons le budget, cela n'intéresse-t-il pas les ouvriers comme les autres citoyens ?

Je reconnais qu'il y a eu même après la Révolution, comme survivance de l'ancien régime, des « lois ouvrières : » Tel l'article 7 de la loi de germinal an XI, punissant toute coalition de la part des ouvriers pour faire cesser le travail dans certains ateliers, enchérir les travaux… d'un emprisonnement de six mois ; tels les articles 414 et 415 établissant des situations distinctes entre les patrons et les ouvriers jusqu'à la loi du 1er décembre 1849 qui établit l'égalité des lois et des peines pour les uns et les autres, sous la restriction que les ouvriers pouvaient être frappés de la surveillance de la haute police pendant cinq ans ; tel l'article 1781 du Code civil d'après lequel le maître était cru sur parole pour la quotité des gages et pour leur payement ; tel le livret ouvrier.

Oui, c'était là des « lois ouvrières », contenant des dispositions d'inégalité et d'oppression à l'égard des ouvriers ; et la loi de 1864 qui modifia l'article 416 en donnant la liberté de coalition spontanée, sans plan concerté, fut une loi illogique et incomplète, mais n'en fut pas moins progressive ; nous avons donné et continuons de donner ce caractère à la loi du 21 mars 1884 dont le premier article

Yves Guyot

s'est définitivement substitué à l'article 416. Nous considérons aussi comme progressive la loi du 2 avril 1868 qui a abrogé l'article 1781 du Code civil et la loi de 1883 qui a supprimé l'obligation du livret ouvrier.

Mais pourquoi les considérons-nous comme telles, sinon parce qu'elles ont donné à l'ouvrier des libertés qu'il n'avait pas, lui ont reconnu une égalité dont il avait été frustré ? Si, avec moi, vous admettez que ces lois sont progressives, expliquez-moi donc par quels motifs vous attribuez le même caractère à des lois de privilège et d'inégalité, à des lois de contrainte et de police ? Vous me dites que cette contrainte, ces dispositions de police, ces privilèges, ces inégalités seront établies au profit des ouvriers ; mais alors vous faites donc des ouvriers une caste à part ? Vous donnez une existence légale au Quatrième État ? De votre propre aveu, l'égalité devant la loi, la liberté ne sont plus que de naïves et vaines inscriptions qui devraient être biffées de la façade de nos monuments. Bien. Mais alors, qu'est-ce que la loi ? un instrument de privilège et de spoliation. Qu'est-ce que la politique ? non point l'art de conduire sa patrie vers des destinées plus grandes, et de l'acheminer vers un idéal de justice de plus en plus élevé, mais l'art de donner à une partie de la nation la plus large part du domaine légal ? En suscitant ainsi les uns contre les autres les intérêts et les passions, croyez-vous donc préparer la paix sociale ? En fractionnant la nation en intérêts professionnels et régionaux, croyez vous donc élargir son horizon et aider sa grandeur ?

# LIVRE IV : LA MORALITÉ ET LA LÉGALITÉ SOCIALISTES

## CHAPITRE PREMIER
### Le mépris de la loi.

Mépris de la loi. — La loi de 1884 et la Bourse du travail. — Les prud'hommes ouvriers et les patrons. — Gagner les salaires d'une année en travaillant vingt-quatre semaines. — Déni de justice.

Les socialistes réclament la législation dont nous venons d'exposer le principe et le caractère. Ils trouvent des naïfs, des flatteurs et des faibles pour s'y associer. Ils ne font qu'user du jeu de nos institutions, de la liberté de discussion. Ils commettent et font commettre des erreurs ; c'est à nous de les signaler et d'en détourner l'opinion par nos raisonnements, nos démonstrations et l'énergie de notre propagande. Si monstrueuses que puissent être certaines conceptions, je ne les proscris pas. Il n'y a ni orthodoxie ni hérésie sociales ; je n'appelle pas le bras séculier à mon aide pour extirper les mauvaises doctrines ; je n'appelle que la lumière.

Mais je me demande pourquoi les socialistes envoient des députés au parlement et pourquoi ceux-ci se montrent si ardents à déposer, défendre, faire voter des propositions de loi de la nature de celles que nous venons d'analyser, quand leurs amis affectent le mépris de toutes les lois qui leur déplaisent.

Ce n'est vraiment pas la peine que M. Bovier-Lapierre et ses amis perdent leur temps et leurs efforts à faire une mauvaise loi pour assurer l'inamovibilité aux membres des syndicats, puisque les réunions qui viennent d'avoir lieu (mai et juin 1893) à la Bourse du travail ont affirmé le mépris des syndiqués pour la loi de 1884 et ont injurié le ministre qui leur rappelait l'existence de la loi.

Auraient-ils voulu qu'on appliquât la loi Bovier-Lapierre contre les patrons, au profit des membres des syndicats qui n'auraient pas voulu s'astreindre à la loi de 1884 ?

Nous voyons, tous les jours, cette manière de comprendre la légalité au Conseil des prud'hommes. Certains prud'hommes ouvriers ont un mandat impératif de condamner toujours les patrons : et comme le dit dans une lettre du 14 juin 1893, M. Graillat, président du Conseil des prud'hommes (produits chimiques) : « Élu d'un comité et ayant un programme, desquels je relève rigoureusement et qui seuls me dictent ma conduite », ils ne jugent pas d'après les faits de la cause, mais d'après les engagements qu'ils ont pris.

Un garçon coiffeur, d'une catégorie supérieure à celle des faiseurs d'extras dont j'ai parlé dans mon discours du 8 mai, peut gagner des appointements d'une année en ne travaillant que pendant vingt-quatre semaines. Il est embauché chez un patron, pendant

Yves Guyot

huit jours, fait bien son métier. Le neuvième jour, il bouscule un client. Le patron qui a peur que ses clients, ainsi traités, ne prennent la porte, la lui indique. Aussitôt citation devant le Conseil des prud'hommes : et le patron est toujours condamné à payer huit jours au garçon coiffeur, pourboires compris !

Cette manière d'entendre leurs fonctions de la part des conseillers prud'hommes ouvriers nous semble le déni de justice le plus scandaleux, le mépris de la loi, du justiciable, poussé à son extrême limite ; et quand M. Lockroy commence l'exposé des motifs de sa proposition de loi en disant : « La juridiction des conseils de prud'hommes est justement populaire : elle répond aux aspirations et aux besoins de la démocratie moderne », il prouve qu'il ignore de quelle manière elle fonctionne ou qu'il considère que « les aspirations et les besoins de la démocratie moderne » sont d'ériger la partialité du juge en principe !

Comme curieux symptôme de psychologie des socialistes, il faut bien que nous signalions aussi leurs réclamations en faveur du travail à la journée et contre le travail aux pièces, qui révèle un appétit dépravé pour le travail servile.

## CHAPITRE II
### Le travail servile et le travail libre.

Travail aux pièces. — Flétrissure. — Contradiction. — Travail à la journée. — Apologie de l'apathie. — Le malthusianisme professionnel. — Union de destruction. — Le droit au vol. — Le vol au détriment du patron est une restitution.

Le congrès de Bruxelles dans sa séance du 22 août 1891, a flétri, dans les termes suivants, le travail aux pièces :

« Le congrès est d'avis que cet abominable système du surmenage est une conséquence du régime capitaliste, qui disparaîtra en même temps que celui-ci. Il est du devoir des organisations ouvrières de tous les pays de s'opposer au développement de ce système. »

Le vœu a été voté à l'unanimité. Il a été renouvelé au congrès de Tours de 1892, et l'horreur du marchandage, ou travail à forfait, date assez loin pour quel la loi du 9 septembre 1848 l'ait interdit.

Si nous n'étions pas habitués aux contradictions des socialistes, cette réclamation pourrait nous surprendre ; car elle est en contradiction avec le but final que les mêmes congrès poursuivent : « l'abolition du patronat et du salariat. » Qu'est-ce donc que le marchandage, sinon une première étape vers la substitution de l'entreprise au salaire ?

Les ouvriers qui marchandent un travail deviennent les maîtres de l'œuvre qu'ils font. Ils gagnent plus ou moins, selon la justesse de leurs calculs ; ce sont des entrepreneurs qui ne sont plus des ouvriers astreints à la surveillance du patron ; ils ne relèvent plus que d'un seul contrôle : celui de la livraison de leur travail dans les conditions déterminées. Il en est de même, à un moindre degré, pour le travail aux pièces.

Dans le travail à la journée, l'ouvrier est soumis à la surveillance incessante de l'employeur. C'est là que véritablement celui-ci est patron. Il a le droit de voir si l'ouvrier flâne ou travail. Il a le droit de lui rappeler qu'il ne doit pas bâiller aux corneilles puisqu'il est payé pour s'occuper. Le travailleur à la journée est donc sous la direction personnelle et brutale de celui aux ordres de qui il se trouve. L'esclave non plus ne travaillait pas aux pièces. Il travaillait à la journée ; et le fouet et le rotin du commandeur s'abattaient sur ses épaules, s'il flânait. Aujourd'hui, c'est le reproche injurieux qui peut atteindre l'ouvrier et, comme sanction définitive, le renvoi.

Avec le marchandage et le travail aux pièces, les travailleurs acquièrent l'indépendance qui résulte toujours pour l'homme de la substitution d'un contrat réel — visant à la chose, l'objet — à un contrat personnel — ayant pour objet la personne.

De là, notre stupéfaction quand nous voyons des socialistes, des hommes qui prétendent avoir le plus haut souci de la dignité des travailleurs, proscrire la forme de travail qui l'assure et réclamer la forme de travail qui reste le vestige du travail servile, au moment même où ils réclament l'abolition du salariat.

Ils prouvent, par ces contradictions, combien ils se soucient peu de coordonner leurs revendications et combien ils sacrifient à des

Yves Guyot

sentiments qui ne font pas grand honneur à ceux qu'ils prétendent défendre.

Parmi les travailleurs, ceux-là, qui réclament contre le marchandage et le travail aux pièces, considèrent, en général, qu'ils doivent en faire le moins possible, ne veulent pas « se fouler », sont des ouvriers médiocres au point de vue de l'habileté et de l'énergie et préfèrent à la partie d'aléa que contient toujours le marchandage ou le travail aux pièces, un salaire gagné tranquillement, doucement, avec le moins d'efforts possibles. Ils savent que le salaire à la journée est forcément plus faible que le salaire à la tâche, parce que le rendement est moindre, le travailleur n'ayant pas son intérêt pour mobile d'action ; mais ils préfèrent cette médiocrité à un salaire plus élevé. Cette réprobation du travail aux pièces, c'est l'apologie de l'apathie.

Les socialistes qui la demandent préfèrent plus de subordination et moins de gain à plus d'indépendance et plus de travail ; mais sont-ils bien venus ensuite à invoquer le titre des travailleurs ? Et où mettent-ils donc leur dignité ?

Il y a dans cette réclamation du travail à la journée la tendance naturelle de l'homme à la paresse, son obéissance à la loi du moindre effort, mais encore quelque chose de plus que je signalais en ces termes, à la Chambre des députés, le 19 novembre 1891, à propos de la grève des mineurs du Pas-de-Calais.

Vous savez qu'on a accordé une augmentation de 20% sur les salaires dont 10% ont été donnés par les compagnies, à la suite de la grève de 1889, et 10% ont été spontanément accordés par elles. Mais les travailleurs se plaignent, paraît-il, que malgré cette augmentation, il y ait cependant une certaine diminution dans les salaires.

Je ne veux toucher que très légèrement à la question : mais je crois que nous sommes ici pour nous expliquer très nettement sur tous les points. Permettez-moi donc de vous citer un document qui n'est autre que la statistique officielle de la Belgique pour 1890.

« Nous pensons, — dit M. Harzé, qui fut délégué à la conférence de Berlin et dont la compétence en ces matières est si connue, — nous pensons que la fausse des salaires a excité chez l'ouvrier d'augmenter ses jours de chômage individuel et de restreindre la durée de sa tâche journalière là où il en avait la latitude, de même aussi ses efforts… »

En Belgique, en 1890, la production par ouvrier du fond n'a été que de 229 tonnes, au lieu de 242 tonnes en 1889.

Les mêmes phénomènes ont été signalés dans les statistiques officielles d'Allemagne. Les salaires ont augmenté en trois ans de 38% alors que la production par ouvrier s'est réduite de 12%.

« En France, pour le bassin du Nord (Pas-de-Calais et Nord compris), la production annuelle par ouvrier du fond est tombée de 338 tonnes en 1889, à 325 tonnes en 1890, tandis que le salaire annuel passait de 1.215 francs à 1.378 francs (accessoires non compris). » Il y a là un symptôme général qui n'est pas particulier à la France, mais qui est de nature à vous impressionner. Au sujet de la quotité des salaires, vous avez à vous demander s'il n'y a pas parmi les ouvriers mineurs une certaine restriction volontaire dans l'effet utile de leur travail, ce qu'on pourrait appeler un malthusianisme de production (*Bruyantes exclamations*).

Messieurs, l'expression dont je me suis servi correspond parfaitement à ma pensée (*nouvelles exclamations*)… et caractérise un phénomène qu'il s'agit de méditer.

Je m'étais servi du mot malthusianisme professionnel ; car il n'y en a pas de plus expressif pour indiquer le *self restraint* du travail, intentionnel, volontaire pour deux motifs : en agissant ainsi, non seulement les ouvriers obéissent à la paresse naturelle à l'homme, mais encore ils sont convaincus qu'ils sont très habiles d'empêcher la surproduction, épouvantail de Karl Marx et de ses disciples.

On a signalé en Angleterre un fait encore plus grave : c'est une sorte d'union de destruction entre les ouvriers du bâtiment, de sorte que si un maçon vient faire une réparation à une toiture, il ait soin de détériorer la plomberie pour procurer de l'ouvrage au plombier.

Les théories socialistes ont si bien corrompu l'intellect de certains ouvriers que nous avons vu, au moins de mai 1893, les ouvriers du fabricant de bicyclettes, M. Clément, se mettre en grève pour se solidariser avec des voleurs. Dans une lettre qu'ils écrivirent au journal *l'Éclair*, ils avaient la condescendance de déclarer qu'ils ne voulaient pas proclamer le droit au vol, mais qu'ils considéraient que « faire la perruque », prendre des menus objets, était très légitime. Ils ajoutaient que cette théorie avait été ratifiée dans une réunion, non pas de 30, mais de 200 ouvriers, et pour reprendre le travail, ils exigeaient la mise en liberté des 19 ouvriers arrêtés. Ils disaient encore : « On n'y a pas dit que le patron était plus voleur que nous ; mais en envisageant bien la chose, c'est peut-être la vérité. Si M. Clément n'avait pas tant exploité ses ouvriers, il est certain qu'il ne serait pas arrivé en si peu de temps à la situation actuelle. »

Voilà l'application des théories marxistes. Le patron ne s'enrichit qu'au détriment de ses ouvriers, et le vol commis à son détriment n'est qu'une restitution.

## LIVRE V : LES GRÈVES ET LA GUERRE SOCIALE

### CHAPITRE PREMIER
### Coût et conséquences des grèves.

Les grèves en France en 1890 et 1891. — Coût des grèves. — Les grèves en Angleterre en 1892. — Statistique de l'arbitrage. — Pertes résultant des grèves. — Déplacement d'industries. — Les *Trades-unions* et les grèves. — Méfiance.

D'après les renseignements donnés par l'Office du travail, il y a eu, en France, 313 grèves comprenant 118.000 ouvriers, en 1890, et 267 grèves comprenant 108.000 grévistes, en 1891. Les départements qui ont compté le plus de grèves sont le Nord, 61 en 1890, 68 en 1891 ; la Loire, 29 en 1890 ; les Ardennes, 28 en 1890 ; le Rhône, 28 en 1890 et 20 en 1891, etc. Les grèves n'ont affecté que 52 départements en 1890 et 54 en 1891.

Voici les résultats de ces grèves :

|  | 1890 | 1891 |
|---|---|---|
|  | — | — |
| Réussite | 82 | 91 |

| Réussite partielle | 64 | 67 |
|---|---|---|
| Échec | 161 | 106 |
| Résultat inconnu | 6 | 3 |

Les 91 grèves qui ont réussi affectaient 22.400 ouvriers ; les 67, qui ont obtenu une réussite partielle affectaient, 54.200 ouvriers ; celles qui ont échoué 32.200 ouvriers.

Les causes principales de ces grèves sont des demandes d'augmentation de salaires, de diminution de la durée du travail, ainsi que des réductions de salaires opérées par les patrons.

Le tiers des grèves qui ont réussi ont duré moins d'une semaine. Quand la grève dépasse quinze jours, elle paraît condamnée à un échec.

Ces chiffres font mal comprendre l'importance des grèves ; les sacrifices qu'elles ont coûtés et aux établissements et aux ouvriers sont inconnus ; la valeur des avantages obtenus est ignorée comme les conséquences pécuniaires et industrielles qui ont pu en résulter.

À Anzin, en 1884, on calcula que la grève avait coûté 1.135.000 fr. aux ouvriers et 600.000 francs à la Compagnie, soit 1.735.000 fr., sans compter les réparations que la suppression des travaux imposa.

En Angleterre, pour l'année 1891, le total des grèves et *Lock outs*(fermeture d'usines) a été de 893, affectant 295.000 personnes, volontairement ou non, car la grève de certains ouvriers a amené la cessation du travail pour d'autres : elles ont eu une durée moyenne de vingt quatre jours.

| | | Nombre de personnes intéressées. |
|---|---|---|
| Ayant réussi | 369 | 68,247 |
| Succès partiel | 181 | 98,127 |
| Insuccès | 212 | 92,763 |

La plupart ont eu pour cause des questions de salaires : celles qui ont été provoquées par la question des non-unionistes ont été de

Yves Guyot

59 en 90 et de 47 en 1891 ; 51% ont subi un échec ; 36% ont obtenu un succès ; le sort des autres est inconnu ; 468 grèves sur 824, comprenant 120.579.000 intéressés sur 263.507, se sont terminées par des transactions ; et seulement 12 affectant 12.100 ouvriers par l'arbitrage. Ces chiffres ne sont pas inutiles à citer pour détruire l'illusion, si propagée en France, qu'il suffit de prononcer le mot arbitrage et de faire une loi sur l'arbitrage pour mettre fin à tous les conflits.

Les pertes évaluées pour les 295.000 ouvriers que les grèves ont forcés de suspendre leur travail pendant quatre semaines sont de 1.500.000 liv. st. ou 37.500.000 francs.

Le coût de la grève de Hull en 1892, qui a duré huit semaines, est évalué 9.000 liv. (soit 225.000 fr.) pour la ville, et 60.004 liv. st., soit 1.500.000 fr. comme perte de salaire.

M. Bevan, calculant les pertes en salaires, évalués à 5 francs et à 5 jours de travail par semaine pour 110 grèves de 1870 à 1879 en Angleterre arrive à un chiffre de 4.468.000 liv. st. soit 112 millions de francs. La grève des constructeurs de la Clyde coûta en 1877 7.500.000 fr. ; celle des mineurs de Durham en 1879, 6 millions de francs.

Le bureau du travail, aux États-Unis, a calculé que les grèves de 1881 à 1887 avaient coûté 260 millions de francs aux ouvriers.

Ce ne sont là que des chiffres ; mais les conséquences à l'égard des femmes, des enfants, de la santé même des travailleurs sont terribles ; de plus la situation des employeurs est atteinte, diminuée ; des fonds de réserve destinés à des améliorations ont disparu ; le pouvoir producteur de l'industrie, qui a subi la grève, est restreint ; quelquefois même une grève suffit pour ruiner une industrie.

Ces exemples ont rendu les *Trades Unions* prudentes en fait de grèves ; En 1888, sur 104 unions, 39 seulement subventionnèrent des grèves ; et un certain nombre de trade-unions ont spécifié, dans leurs statuts, que le vote pour ces objet ne serait pas acquis d'après la majorité, mais d'après un certain quorum. Au Congrès de Bruxelles, de 1892, un délégué anglais, s'indignait que le syndicat des mécaniciens (le plus fort et le plus riche de tous), eût dépensé, en 1889, 2.636.000 francs pour « maladies, funérailles, pensions de retraite, accidents, etc., contre 45.500 francs pour grèves et frais de

LIVRE V : LES GRÈVES ET LA GUERRE SOCIALE

combat. »

Cette puissante et riche association a de la méfiance contre les aventures des grèves.

## CHAPITRE II
### Les causes des grèves.

Le mineur de naissance et le mineur d'adoption. — Les terrassiers et la Série des prix. — La grève d'Anzin 1884. — Aveu de M. Basly. — Les chapeliers. — Prétention des syndicats. — Grèves imposées par une minorité.

D'après une sèche énumération, on ne peut se rendre compte des causes véritables des grèves, de leur bien fondé, de leur proportion entre le risque à courir et le résultat à obtenir. Nous ne pouvons que citer quelques faits qui nous donneront certains aperçus sur la psychologie de la grève.

À Anzin, en 1878, les ouvriers ne faisaient connaître aucun grief, ne formulaient aucune réclamation précise. Dans mes conversations avec un grand nombre d'entre eux, je ne pus dégager qu'une seule idée nette : les mineurs de naissance se plaignaient de la concurrence que leur faisaient les mineurs d'adoption « qui venaient gâcher le métier ».

Quand une grève éclata en mai 1880, à Roubaix, la difficulté était de savoir ce que voulaient les grévistes.

Au mois d'Août 1882, les menuisiers de Paris se mettent en grève, non pas pour une question de salaire ; car voici la progression qu'il avait suivie : 1877, 0,60 ; 1879, 0,70 ; 1882, 0,80 ; mais ils demandent la diminution des heures de travail et la suppression du marchandage.

Nous avons parlé des cahiers des charges que le Conseil municipal avait la prétention d'imposer aux adjudicataires des travaux de la ville de Paris, établissant un maximum d'heures de travail et un minimum de salaire. Dans deux rues voisines, un beau matin, en 1888, se trouvèrent des terrassiers qui travaillaient à des conditions différentes : les uns étaient placés sous le régime de l'ancien cahier des charges et les autres sous le régime du nouveau. Les premiers ne comprirent pas cette différence ; ils ne comprirent pas mieux qu'ils devaient gagner moins que leurs camarades quand des conseillers municipaux essayèrent de le leur expliquer, et ils se mirent en grève.

Quand la grève d'Anzin éclate, en 1884, on réclame la suppression du marchandage, on proteste surtout contre un nouveau mode de travail et M. Basly déclare[1] dans sa déposition devant la délégation de la commission des 44 que « si les ouvriers d'Anzin eussent connu le mode de travail actuel, la grève n'aurait pas éclaté. »

Quand les mineurs sont en grève, ils invoquent les questions d'administration des caisses de retraite et de secours. Cette réclamation permanente suffit rarement pour déterminer la grève ; mais elle apparaîttoujours comme un des principaux griefs plus ou moins bien motivés. Souvent quand la compagnie a cru avoir une intention excellente, cette intention est dénaturée ou prise en mauvaise part.

Les grévistes ont invoqué, à maintes reprises, à Bessèges, en 1882, à Anzin, en 1884, à Decazeville, en 1886, l'institution des sociétés coopératives de consommation.

En 1881, la société de secours mutuels des chapeliers qui, comme elle le reconnaît, était un syndicat de résistance, imposa une grève dans des conditions qui montrent jusqu'où peut aller, dans la conception de certains syndicats, l'idée du pouvoir des syndicats et le mépris de la liberté du travail. La maison Crespin, Laville et Cie avait deux maisons, l'une, rue Vitruve et l'autre, rue Simon-le-Franc. Elle payait les ouvriers de cette dernière au tarif de la société et les premiers à un tarif plus bas. La société ordonne à celle-ci de se mettre en grève. Ils obéissent. Elle ordonne aux ouvriers de la maison de la rue de Simon-le-Franc de se mettre en grève à leur tour. Certains se soumettent ; d'autres proteste, en disant : — Nous travaillons au tarif de la société : nous sommes en règle. Nous n'avons pas de motif pour nous mettre en grève. Vous ne pouvez l'exiger de nous. — On vous expulsera. — Et nos cotisations pour la caisse de retraite, etc. ? — Perdues.

Une assemblée générale est convoquée et, avec des procédés

---

1 Rapport de M. Clémenceau, p. 50

menaçants, obligé les ouvriers de la rue Simon-le-Franc à faire grève !

Beaucoup de grèves qui se sont produites dans ces derniers temps viennent de la prétention des syndicats à imposer leur autorité dans les ateliers et usines, à ne pas souffrir qu'il s'y trouvât un ouvrier non-syndiqué. Au mois de janvier 1893, cette prétention provoqua non seulement la grève dans l'usine Marrel mais par solidarité, les ouvriers des autres usines, Brunon, Arbel, Deflassieux, Lacombe, des Aciéries de la marine, etc., etc., les ont quittés sans invoquer aucun grief, ni formuler aucune réclamation.

La grève est déclarée : mais par qui ? Est-ce à l'unanimité ? Pas du tout. C'est une minorité le plus souvent qui prend la résolution. Si elle trouve de la résistance, elle a recours à l'intimidation, aux injures, aux menaces et même aux coups. En mars 1882, à Bessèges, 2 ou 300 individus se mettent en grève : 5.500 ouvriers voulaient travailler, et finissent par céder.

Le 25 novembre 1889, à la Chambre des députés, je signalais qu'à l'Escarpelle, le 7 novembre, une réunion spontanée d'ouvriers antigrévistes avait combattu la grève. Malheureusement, c'est là un acte de courage isolé dans l'histoire des grèves.

Le 19 novembre 1891, je disais à la Chambre des députés, sans que mes renseignements pussent être contestés, que la grève des mineurs du Pas-de-Calais, avait été déclarée à la suite d'un vote dont les voix se répartissaient de la manière suivante : 13.000 pour ; 7.000 contre ; 10.000 abstentions et la grève générale est proclamée.

Ensuite on nomma des délégués pour formuler des revendications qui devaient, *a posteriori,* la justifier.

### CHAPITRE III
### Pendant la grève.

Défense de travailler. — La grève, épisode de la guerre sociale. — Menaces. — Les limonadiers. — Les terrassiers. — À Amiens. — Les cochers. — La grève des verriers en Belgique. — La grève de Homestead. — Autres grèves aux États-Unis. — La grève de

Decazeville. — Assassinat de M. Watrin. — Carmaux. — M. Humblot. — L'explosion de la rue des Bons-Enfants.

La grève est déclarée pour des motifs aussi solides que ceux que nous venons d'énumérer. Du moment que le gréviste a quitté son chantier, son atelier, son usine ou sa mine, il n'admet pas qu'un camarade puisse y aller.

C'est en vain qu'on essaiera de lui prouver que le principe de la liberté de l'homme, c'est de faire ou de ne pas faire ; et qu'il se rend coupable d'une monstrueuse tyrannie, en exigeant qu'un travailleur renonce à vivre de son travail.

La grande majorité des grévistes, sinon l'unanimité, répond : — Du moment que je ne veux pas travailler, je défends à quiconque de travailler. S'il résiste, tant pis. On tapera.

Dans ces conditions, la grève n'est pas, pour le gréviste, un moyen économique d'agir sur la loi de l'offre et de la demande ; c'est un instrument d'oppression et un épisode de la guerre sociale.

Alors il a recours à la violence. Partout, on voit des groupes se former, accabler d'insultes et d'outrages les camarades qui ne veulent pas s'associer à la grève. À Anzin (1884), on ne se content pas des menaces ; on dévaste les jardins des ouvriers non grévistes. Deux mille grévistes se portent à la fosse du Renard pour empêcher de remonter ceux qui ont travaillé.

À Montceau-les-Mines au mois d'août 1882, les collectivistes révolutionnaires écrivent des lettres sur papier blanc avec de l'encre rouge ainsi libellées :

RÉVOLUTION SOCIALE

*Section de*

« Le comité a condamné, au nom de la justice, le nommé X… à mort.

« Le délégué de… »

Les bandes parcourent les routes en vociférant un chant dont voici le premier couplet.

En avant, prolétaires,

Combattons pour la Révolution

Chagot, Jeannin, Henri Schneider

À la bouche de nos canons,

En avant, prolétaires !

On ne se borne pas à chanter. On menace et on pille.

À Paris, la grève des limonadiers et des terrassiers, en août 1888, est remplie d'épisodes d'intimidation. Une bande de garçons limonadiers, à 7 heures et demie du matin, va saccager le café Vachette et la brasserie du Bas-Rhin. Pendant plusieurs jours, ils essaient des invasions dans plusieurs cafés du boulevard.

Non seulement les terrassiers vont enlever les chantiers, mais ils font prisonniers les camarades qui travaillent et les emmènent. Le citoyen Goullé s'écrie à la Bourse du travail :

— Au chantier Dieudonnet travaillent soixante terrassiers ; vous êtes plus de dix mille. Allez les débusquer.

Puis ils reviennent se vanter de leurs exploits :

— Vous devez être contents de nous, citoyens, nous avons mis à cul les tombereaux ! Et on porte en triomphe une citoyenne qui, à elle seule, rue Moulin-des-Prés, en a renversé un. Naturellement si les charretiers résistent, on tape dessus. Si des gardiens de la paix interviennent timidement, M. Vaillant les appelle « des garde-chiourmes capitalistes ! »

Les menuisiers qui sont en grève au même moment acclament un orateur qui s'écrie : Il faut f… le feu à toutes les boîtes de patron : et le citoyen Tortelier s'écrie : Nous les terroriserons !

En 1888, à Amiens, les grévistes démolissent la maison Cocquel, jettent les velours par les fenêtres, et y mettent le feu. Les violences ont repris à Amiens, au mois de janvier 1893, à propos de l'application de la loi sur le travail des femmes : les patrons ont été menacés ; les manufactures envahies, quelques-unes dévastées. À Rive de Giers, les violences ont été surtout exercées contre les non-grévistes.

Yves Guyot

Lors de la grève des omnibus et des cochers, nous avons vu employer les mêmes procédés. Au mois de juin 1893, les grévistes ont commencé par exiger une redevance des cochers qui continuaient à marcher et qui, comme contrôle, devaient arborer, à leur chapeau, une carte, qui leur était achetée chaque matin. La préfecture de police, ayant mis fin à cet abus, les cochers ont brisé ou brûlé au pétrole quelques voitures, assommé et lardé de coups de couteau quelques cochers.

Pour avoir dit, à plusieurs reprises, que ces procédés relevaient du code pénal, j'ai été conspué. D'après le *Manuel du parfait gréviste* le droit d'envahir les ateliers, de briser les outillages et d'attaquer les non-grévistes, fait partiedes droits de l'homme.

Mais les épisodes de nos grèves en France ne sont rien auprès de la grève des verriers en Belgique. Ce n'était point la misère que les excitait. Elle était faite par des ouvriers qui, gagnant 10, 12.000, 17.000, et même 24.000 fr. par an, appliquaient « la loi d'airain des salaires » à des fantaisies comme celle de prendre des bains de pieds dans une demi-douzaine de bouteilles de champagne, à l'instar du souffleur Rofler. Ce n'ait point l'excès de travail, ils travaillaient 24 fois par mois, neuf heures et demi ; ce n'étaient pas les opinions réactionnaires du patron ; car M. Baudoux, contre qui elle éclata, était chef du parti radical. Mais li avait introduit le four Siemens, qui ne supprimait pas d'ouvriers, n'importe ? Cette nouveauté déplaisait aux souffleurs qui furent soulevés par un vent de folie sauvage. La grève éclate. On chante :

À Baudoux,
À Baudoux !
On va lui mettre la corde au cou !

Ils arrivent, ils jettent du fer dans les fours, ils mettent le feu aux quatre coins de l'usine, les insensés, détruisant ainsi leur instrument de travail ; ils brûlent le château de M. Baudoux, et s'ils ne le massacrent pas avec les siens, c'est parce qu'il ne tombe pas entre leurs mains. Des batailles éclatent : à Jumet, vingt-cinq morts et blessés ; à Roux, dix-sept tués ; à Louvière, on s'écrie : « Mitraillez la bourgeoisie ! n'épargnez pas les enfants, graine de bourgeois ! faites sauter les usines, défoncez les ventilateurs des mines. » On essaie de mettre en pratique : on emploie la dynamite à Roux, à Marchiennes, et à Louvières une cartouche éclate sur la fenêtre du café où se trouvaient des officiers.

Aux États-Unis, les grèves sont devenues de véritables guerres : telle la grande grève des chemins de fer qui, en 1877, intercepta les trains, démolit les voies, détruisit les voitures et les machines et incendia les magasins. Telle, en 1892, la grève de Homestead, dans l'État de Pensylvanie, appartenant à M. Carnegie qui, ayant débuté comme ouvrier, dirige des usines métallurgistes occupant 20.000 ouvriers et a écrit un volume : *La démocratie triomphante* et une étude sur l'*Art d'employer la fortune.* À propos de salaires que veut imposer l'*Amalgated association,* la compagnie ferme ses usines et déclare qu'elle n'emploiera plus que des ouvriers n'appartenant à aucune union. Les ouvriers prennent les armes, s'emparent de la ville. La compagnie s'adresse à l'agence de police privée de Robert Pinkenton qui envoie trois cents hommes. Quand les grévistes les aperçoivent en bateau, ils les assaillent à coups de fusils : trois agents sont tués ; les agents ripostent, des ouvriers sont blessés. Le remorqueur étant parti, les *Pinkenton men* restent sous le feu des grévistes qui amènent un canon et lancent sur le bateau des jets de pétrole enflammé. Forcés de capituler, ils sont conduits en prison où ils n'arrivent que couverts d'outrages et de coups, quelques-uns à demi écharpés. Pendant ce temps, un nommé Beckmann pénètre dans le cabinet du directeur général, M. Frick, et l'atteint de quatre coups de revolver. Il fallut l'envoi de six mille hommes pour rétablir l'ordre.

Le travail reprit avec des *non union men,* ce que nous appellerions des non-syndiqués. À Cœur d'Alène, dans l'état d'Idaho, des mineurs, ayant été remplacés aussi par des *non union men,* ils massacrent, ils pillent, font auteru le pont du chemin de fer, et ne désarment qu'après une bataille, dans laquelle furent faits deux cinquante prisonniers.

Dans l'état de Tennessee, les mineurs assiègent Coal Creek, s'en emparent, et leur grève ne finit aussi que par un combat,

À Buffalo, sur le lac Erié, le 15 août 1892, les aiguilleurs, pour empêcher des aiguilleurs non-syndiqués de prendre leur place, brisent les aiguilles, incendient plusieurs centaines de wagons remplis de coton et de marchandises. Le gouvernement de l'État met sur pied 13.000 hommes de la milice pour les réduire.

Si en France, les grèves n'ont pas pris les mêmes proportions, et n'ont pas eu le même caractère de sauvagerie, ce n'est pas la faute de certains de leurs meneurs ; et quels meneurs !

Quelques jours avant la grève de Decazeville, Bedel surpris pour un vol de bicyclettes, dit : « Je tuerai quelqu'un ». Il venait d'être condamné à six jours de prison au moment de la grève. Il tint sa parole.

Quand elle éclate, le 26 janvier 1886, il envahit à la tête d'une bande de grévistes le cabinet de M. Watrin et le somma de se rendre à la mairie. Il s'y rend escorté par une foule de quatre cents personnes qui lui jettent de la boue et crient : « À mort, Watrin ! au bassin ! » Après divers pourparlers, dans lesquels les délégués des mineurs donnent l'assurance que M. Watrin n'a rien à craindre, celui-ci accompagné des ingénieurs de la mine et de l'ingénieur des mines du département, M. Laur, sort pour se rendre à la mine du Bourran. On trouve une foule qui devient de plus en plus menaçante ; des pierres atteignent deux des ingénieurs. M. Watrin et les personnes qui l'accompagnent se réfugient dans l'enceinte palissadée du Plaeau des bois ; sous la pression de la foule, la barrière est emportée. M. Watrin et les ingénieurs gagent un vieux bâtiment affecté autrefois aux bureaux de la compagnie. Ils montent au premier étage. Une foule de dix-huit cents personnes fait le siège de la maison : des gens parviennent à atteindre le premier étage en grimpant le long d'un réverbère ; d'autres, munis d'embarres, gros morceaux de chêne de forme ovoïde, montent par une échelle en répondant aux cris de mort de la foule par d'autres cris de mort. Caussanel crie : — Il faut qu'il crève ! En même temps la porte d'entrée est enfoncée. M. Watrin fait ouvrir la porte de la pièce dans laquelle il était réfugié. D'un coup d'embarre, un ouvrier des forges, Lescure, met l'os frontal à découvert. Les agresseurs font un moment relâche. Le maire, M. Cayrade, arrive et demande, pour calmer les assaillants, sa démission à M. Watrin qui finit par la donner, après une courageuse hésitation. Quand le maire annonce cette nouvelle, on lui répond : — « C'est lui-même qu'il nous faut. À mort Watrin ! » Les envahisseurs le tiraillent les uns vers la porte, les autres vers la cheminée et finissent par le précipiter par la fenêtre. Des gens se jettent sur lui, le déchirent, lui arrachent la barbe, le piétinent, tandis qu'une partie de la foule s'enfuit épouvantée. Quelques homes courageux finissent par l'arracher à ces barbares, et le transportent à l'hospice où il expire à minuit, au milieu d'une telle terreur que la justice ne pouvait trouver de témoins pour dénoncer les auteurs du crime.

Le 15 août 1892, les grévistes envahissent aussi les bureaux de la compagnie de Carmaux, entourent le directeur de la compagnie, M. Humblot, exigent sa démission, sous menace de le *Watriner* ! Et pendant trois mois, ils se promènent en chantant à propos du baron Reille, président du Conseil d'administration, et du marquis de Solanges qui en est membre :

> Le baron au bout du canon
> Le marquis au bout du fusil.

Ils chantent la Carmagnole et crient : Vive la Révolution sociale ! sous la protection de M. Baudin, député, et sous l'œil tutélaire des autorités ; et quand M. Clémenceau, trouvant un peu compromettants ces cris et ces chants, y répond : Vive la République Sociale ! l'équivoque ne prend pas.

Les menaces de Carmaux aboutirent à la marmite, chargée de dynamite qui, déposée aux bureaux de la compagnie, avenue de l'Opéra, fit explosion au poste de police de la rue des Bons-Enfants, en tuant cinq personnes. Je sais que MM. Rochefort et Pelletan[1] ont semblé croire que cet engin avait été placé là par la compagnie de Carmaux : mais cette opinion est trop ingénieuse pour avoir été généralement partagée.

## CHAPITRE IV
### La guerre sociale.

« L'explosion privée. » — Anarchistes et collectivistes révolutionnaires. — « Le système d'avant garde. »

---

1 *Justice*, 9 octobre 1892.

— La théorie de la dynamite. — Propos de Carcassonne. — Le chemin du paradis social. — Évocations des journées de juin et de la Commune. — Le mépris de la patrie. — La lutte des classes. — Le bourgeois. — Pas de danger de guerre sociale. — S'il n'y a pas de complices.

Je sais que le conseil national du parti collectiviste, ou plus exactement, M. Jules Guesde et ses mais ont essayé de se dégager de l'attentat de la rue des Bons-Enfants en disant : « Pour la cinquième fois, depuis un an, la dynamite a été déshonorée dans une explosion privée. » La dynamite serait-elle donc honorée dans une explosion publique ? S'ils cherchent à créer des équivoques quand des événements, comme les explosions du boulevard Saint-Germain, de la rue de Berlin, du restaurant Véry, de la rue des Bons-Enfants, provoqueraient contre eux une réprobation trop violente, ils oublient les théories qu'ils ont insufflées à ceux qui les exécutent ; les menaces personnelles d'assassinat et d'exécution que MM. Jules Guesd et Pablo Lafargue lançaient contre certaines personnes, qu'ils désignaient pas leur nom, dans la réunion du Château-d'Eau du 3 juin 1886, destinée à célébrer les hauts faits des grévistes de Decazeville. S'ils répudient la propagande par le fait, telle que l'entendait Duval qui volait l'hôtel de M$^{me}$ Lemaire ; si le compagnon Martinet leur paraît compromettant à cause de ses neufs ans de prison pour vol, il y a des réunions où on crie : Vive le vol ! Vive l'assassinat ! Et ils ne s'en dégagent pas. Ils ont fait un tel intellect à certains groupes de la population parisienne que, le 1$^{er}$ mai 1892, à la salle Favié, trois mille personnes couvraient d'applaudissements le citoyen Chausse, aujourd'hui conseiller municipal, appelant « la dynamite un système d'avant-garde. »

M. Gabriel Deville, un des théoriciens du socialisme marxiste, publiait tranquillement dans un volume cette phrase méditée à loisir : « La dynamite et autres moyens de persuasion semblables sont les engins indispensables à la solution communiste.[1] »

Et quelques jours après l'explosion de la rue des Bons-Enfants, M. Baudin disait dans une réunion à Carcassonne : « Au besoin, il faudra se servir contre la réaction et l'opportunisme de la science mieux que ne le font les anarchistes. » Nous savons bien qu'un

1 Gabriel Deville, *Aperçu sur le socialisme scientifique*, 1884.

euphémisme employé dans la ville qui a l'honneur d'avoir M. Ferroul pour député, n'a pas d'importance.

Mais si un homme comme M. Baudin en use, c'est qu'il sait provoquer des enthousiasmes, et, en effet, il y a des gens qui voient la Révolution sociale, comme une sorte de féérie. Le prince Kropotkine, dans ses *Paroles d'un Révolté,* savoure, avec une volupté qui est du ressort de la psychiatrie, la guerre civile, les massacres, péripéties de la lutte par laquelle le prolétaire « se saisira joyeusement de la propriété privée au profit commun ! » Et comme le prouvent les anniversaires du 28 mai, des hallucinés entrevoient un paradis social, à travers les souvenirs de sang et de flamme des journées de Juin et de la Commune, et dans leurs rêves, suivent ceux qui leur promettent de recommencer ces orgies de destruction et de carnage.

Les malheureux ! s'ils n'étaient pas livrés à une de ces folies épidémiques qui lancent les foules dans le vertige, ils se rappelleraient qu'il n'y a pas eu de jours plus sombres pour la cause qu'ils prétendent défendre. Est-ce que les pavés et les barricades se sont changés en pains de quatre livres pour les combattants des journées de Juin ? La Commune a laissé le souvenir d'un délire destructeur d'autant plus odieux qu'elle incendiait Paris sous les yeux des Prussiens. — Et quand les socialistes, de toutes nuances vont en pèlerinage proclamer chaque année, en arborant le drapeau rouge, que c'est à ces sinistres lueurs qu'ils éclairent la question sociale, tous au nom du travail, au nom de la paix sociale, au nom de la France, nous devons repousser leur contact avec une colère indignée, colère d'autant plus ardente que nous voyons au congrès de Marseille ces hommes s'empresser autour de Liebknecht.

C'était lui qui le 28 novembre 1888 et le 18 octobre 1890, en son nom et au nom de ses amis avait déclaré qu'« ils étaient décidés à ne pas laisser amoindrir la patrie allemande », et M. Bebel précisait en affirmant qu'« il n'admettrait pas que l'Allemagne rendît l'Alsace et la Lorraine à la France !… » Là-dessus, M. Liebknecht se présente à Marseille, comme un apôtre de la paix ! Pourvu que les Français respectent les faits accomplis, M. Liebknecht n'attaquera pas la France, et les socialistes révolutionnaires s'écrient : Quelle grandeur d'âme !

Yves Guyot

Et ils ont raison à leur point de vue ; car l'idée de patrie, ils ont déjà déclaré qu'ils la méprisaient : ces gens veulent fonder leur liberté au mépris de l'indépendance nationale, sans réfléchir, les aveugles, que de tous les despotismes, le plus brutal et le plus implacable est celui du conquérant sur le conquis !

Ils veulent réserver, ces bons apôtres, toutes leurs forces pour la guerre sociale. Ils sont prêts à fraterniser au delà des frontières ; mais ils ne pardonneront jamais au paysan d'hier qui, par son travail et son épargne, a pu devenir propriétaire ; au tâcheron ou à l'ouvrier qui a pu devenir patron ; aux fils de tout ce prolétariat qui, par leur intelligence, leur activité, des bourses gagnées aux concours, ont pu devenir ingénieurs, industriels, manufacturiers, commerçants ; car, ce sont des bourgeois ! et comme tels des criminels ! C'est contre ceux-ci qu'ils réservent toute leur énergie et toute leur ardeur.

Quelle logique et quelle morale !

Ces déclamations, ces excitations, ces entraînements, peuvent griser ceux qui les exploitent, faire tourner des têtes faibles. La contagion est limitée. Le 28 mai agglomère au Père-Lachaise huit mille individus, sur lesquels il y a un certain nombre d'indécis, de sceptiques, de camelots et de pauvres diables aussi impropres à la Révolution qu'au travail. Voilà donc, au grand maximum, les forces révolutionnaires de Paris. La grande masse des travailleurs sait fort bien qu'elle doit chercher des ressources dans le travail et que ce ne sont pas les émeutes qui en donnent. Ils ont une femme, des enfants ; ils se préoccupent de leur avenir. Ils sont prudents, et ne demandent qu'au jeu pacifique des institutions républicaines les améliorations, plus ou moins réelles, qu'ils envisagent.

Toutes ces parades enflammées ne présentent donc pas de sérieux danger de guerre sociale, mais à une condition : c'est que les charlatans du socialisme ne trouvent pas de complices parmi les membres du parlement qui, étant chargés de faire la loi et d'en contrôler l'application, doivent donner l'exemple de son respect ; parmi les fonctionnaires, chargés de maintenir l'ordre public ; parmi les magistrats chargés de requérir la mise en mouvement de la justice et parmi les juges et les jurés, chargés d'imposer aux délits et aux crimes la sanction du Code pénal ; parmi les ministres qui, ayant la charge des intérêts généraux du pays, ont pour obligation d'envisager la responsabilité qu'ils assument, non seulement du point de vue des difficultés présentes, mais surtout des événements de l'avenir.

## LIVRE VI : LES RESPONSABILITÉS

### CHAPITRE PREMIER
### Le parlement et les grèves.

L'opinion publique et les grèves. — Les mineurs. — L'intervention des députés. — Les députés à Bessèges en 1882. — M. Fournière peint par M. Goblet. — Les députés conspués par Fournière. — M. Clémenceau et la grève d'Anzin. — Les arguments de M. Clémenceau. — L'arbitrage de M. Loubet. — Comment il est reçu par ceux qui l'avaient demandé. — Les députés pacificateurs. — M. Baudin à Carmaux. — Demande d'intervention. — Une réponse. — La grève de la salaison. — Le rôle des députés. — Le vrai cadeau des députés.

La grève est un accaparement de travail ; voilà le phénomène économique qu'exprime ce mot, mais que ne comprennent pas plus les intéressés que le public. L'opinion intervient entre les patrons et les ouvriers pour apprécier la grève. Elle est incapable de se rendre compte des conditions du problème qui se pose, de la légitimité des revendications qui, souvent, ne sont même pas formulées, mais elle a des sympathies qui se manifestent par des articles de journaux et par des souscriptions ; et ceux qui souscrivent ne manquent pas d'acheter leur charbon le meilleur marché possible. Cependant les mineurs ont, pendant longtemps, bénéficié de l'idée que la plupart des gens, qui ne jamais descendus dans une mine se font, de cette exploitation ; ils se figurent que ces trous noirs, profonds de plusieurs centaines de mètres, conduisent à des enfers, ils s'imaginent les mineurs vivant au milieu au milieu d'explosions de grisou perpétuelles qui les massacrent ; ils se les figurent dans la misère, négligeant de se demander comment, si le travail est si dur, si dangereux, si mal rétribué, il opère une telle attraction que le nombre des mineurs ne cesse pas d'augmenter, et qu'un ouvrier agricole devenu mineur ne retourne jamais à ses occupations premières.

Dès qu'une grève éclate dans un bassin houiller, certains députés croient de leur devoir de s'en mêler. Ils prétendent en général que leur intervention est pacificatrice. Dans leur intention, c'est possible. Mais en fait, elle produit toujours l'effet de l'huile sur le feu.

Le 20 février 1882, sur l'invitation de M. Desmons, MM. Clémenceau, de Lanessan, Brousse, Laporte, Girodet, Henri Maret se rendent à Alais pour faire une enquête sur la grève de la Grand'Combe, terminée depuis un mois. Juste au moment où ils arrivent, la grève de Bessèges éclate, comme le constatait, non sans malice, M. Goblet, alors ministre de l'Intérieur. (Séance du 10 mars 1882.)

Venus pour informer sur les faits passés, ils ont cru devoir intervenir dans le fait nouveau qui se produisait. Ils n'ont pas été écoutés, et voici pourquoi : C'est qu'ils se sont trouvés en présence d'un agitateur politique, venant semer la révolution dans cette région de Bessèges, comme il l'avait fait précédemment à la Grand'Combe... le citoyen Fournière.

Je dois le faire connaître à la Chambre, car c'est lui qui est le véritable auteur de cette grève. Fournière est un jeune homme de vingt-quatre à vingt-cinq ans, ancien ouvrier bijoutier, qui, aujourd'hui, ne travaille plus autrement qu'en propagande révolutionnaire.

Il appartient à ce qu'on appelle à Paris les cercles d'études sociales, et il s'appelle lui-même collectiviste révolutionnaire...

Les collectivistes révolutionnaires envoient en province des voyageurs en révolution : j'ai nommé M. Fournière ; je puis nommer MM. Malon, Guesde et la citoyenne Paul Minck.

Je vous ai dit, messieurs, que Fournière avait été l'instigateur de la grève de la Grand'Combe, en novembre dernier. J'ai entre les mains le manifeste qui a été publié à ce moment-là.

Dans ce manifeste, je lis des phrases comme celles-ci :

« En attendant l'émancipation totale de tous les exploités, en attendant que le prolétariat rentre en possession de tous ses biens injustement détenus par la classe capitaliste, il nous faut poursuivre cette lutte de classe, triompher sur un point des monopoleurs, en attendant que le parti ouvrier, solidement constitué et conscient de son but, dise à tous les citoyens : « Frères ! debout, en avant pour l'émancipation sociale ! (*Sensation*).

*Quelques membres à l'extrême gauche.* — Très bien ! Très bien !

M. Goblet, *ministre de l'intérieur.* — Messieurs, il n'est personne de vous qui puisse approuver ces paroles…

Eh bien ! messieurs, Fournière et quelques ouvriers de Bessèges sont en ce moment poursuivis pour violation de la loi de 1864, et le procès doit se dénouer demain devant le tribunal correctionnel.

Fournière a été interrogé et on lui a demandé dans quelles circonstances le manifeste avait été rédigé et publié. Voici cette partie de son interrogatoire :

« *Demande.* — N'avez-vous pas rédigé un appel aux travailleurs commençant par ces mots : Camarades, les mineurs de la Grand'Combe ? »

« *Réponse.* — Oui, monsieur, il a été mis aux voix sur la proposition de M. Desmons et adopté par les comités qui y ont apposé leurs signatures. »

Et quand ensuite, M. Desmons, avec les intentions les meilleurs et les plus pacifiques, je le répète, vient, accompagné de MM. de Lanessan, Maret, etc., prêcher aux ouvriers la paix, l'entente avec les patrons, leur demande de régler pacifiquement les questions qui les divisent, quand il se trouve en face de M. Fournière, comment celui-ci manquerait-il de lui rappeler qu'il avait accepté avec lui ce manifeste ? (*Double salve d'applaudissements.*)

Quelle autorité voulez-vous que l'honorable M. Desmons et ses collègues puissent avoir alors sur les ouvriers surexcités par Fournière ? C'est à Fournière que vont les sympathies. Quant aux députés de l'extrême gauche, voulez-vous savoir comment ils ont jugé eux-mêmes la situation ?… Ils disent : — « Allons-nous-en, nous n'avons rien à faire ici. Fournière vient de dire qu'il voulait aller jusqu'à l'effusion du sang et continuer la grève »…

Celui qui parlait ainsi était M. de Lanessan qui venait d'avoir une altercation très vive avec Fournière. Il invita ses collègues à partir pour la gare bien que l'heure du départ fût éloignée. Il montrait une insistance toute particulière…

Ainsi, MM. les députés de l'extrême gauche, se trouvant sur les lieux pour l'enquête qu'ils voulaient faire au sujet de l'affaire de la Grand'Combe, sont intervenus avec les meilleurs intentions dans la grève de Bessèges, et voilà comment ils ont été obligés de quitter la région déclarant qu'il n'y avait rien à faire pour eux en présence d'hommes qui n'avaient d'autre but que d'exciter la guerre civile.

Voici en quels termes M. Fournière avait annoncé ce fait dans le journal le*Prolétaire* :

Bessèges.

Cinq heures, scène violente avec de Lanessan qui, aux applaudissements des gardes-chiourmes, vient décourager les ouvriers, et Fournière, qui soutient la grève générale. — Accamations : vive la grève ! vive la révolution sociale ! Le drapeau noir est arboré.

Fournière.

Cet accueil et ce résultat ironique n'ont point découragé d'autres députés de suivre les mêmes errements. En 1884, la grève d'Anzin éclate : MM. Giard et Girard, députés du Nord, demandèrent au ministre des travaux publics d'intervenir en faveur des mineurs. M. Clémenceau se rendit avec quelques collègues sur les lieux. La Chambre nomma une commission d'enquête sur la situation des ouvriers de l'industrie et de l'agriculture. M. Clémenceau fit un rapport sur la grève d'Anzin pour constater qu'après cinquante-six jours d'agitation et de trouble, elle avait échoué. Mais il n'a fait suivre son rapport d'aucune proposition ; et il n'a pris depuis 1884 l'initiative d'aucune mesure législative concernant les mineurs.

Mais à chaque grève, il est intervenu avec véhémence pour reprocher au gouvernement de ne pas faire son devoir, de ne pas mettre fin à la grève, de ne pas faire obtenir aux mineurs toute ce qu'ils demandaient, répétant toujours, avec quelques variantes, le passage suivant de son discours du 19 novembre 1891 :

Pouvez-vous quand nous sommes en présence de 30.000 hommes qui, peut-être dans huit jours, auront faim, venir, Bastiat à la main, après avoir consulté pieusement les articles de foi des économistes du Collège de France, dire aux ouvriers : « Mes bons amis, je vous aime beaucoup, je vous porte dans mon cœur, mais voyez Bastiat, page 37, il n'y a rien à faire pour vois. (*Applaudissements et rires à gauche.*)

Quand je songe aux moyens très puissants d'action que le gouvernement a sur les compagnies qui vivent de sa tolérance, de sa complaisance… oui, je voudrais inviter le gouvernement à faire ce qui, à mon sens, est son devoir : à mettre en demeure, par un procédé que je n'ai pas à déterminer ici… (*Ah ! ah ! sur divers bancs au centre. — Lequel ?*)

M. MILLERAND. — Ce n'est pas difficile.

M. CLÉMENCEAU. — Messieurs, si vous avez cru que je reculais devant la difficulté, vous vous êtes mépris (*Bruit*).

M. CAMILLE PELLETAN. — Ce bruit aurait besoin de signature.

M. CLÉMENCEAU. — Si vous le voulez, je déterminerai le procédé : il y en a dix, il y en a cent, mais ce n'est pas mon affaire de vous les signaler.

Voilà, et on n'a jamais su ni les cent ni les dix procédés de M. Clémenceau quoiqu'« il ne reculât pas devant la difficulté. »

Enfin le 19 octobre 1892, il a dit son grand secret : il a obligé M. Loubet, président du Conseil des ministres et ministre de l'Intérieur, à accepter les fonctions d'arbitre. Lui-même, avec MM. Millerand et Camille Pelletan, devint délégué des mineurs ; et le jour où M. Loubet rendit sa sentence, parce que, tout en imposant la réintégration de M. Calvignac, elle le mettait en congé ; parce qu'elle n'imposait pas la réintégration des mineurs condamnés par le tribunal d'Albi et l'expulsion de M. Humblot, le directeur de la mine, ils invitèrent, dans une lettre insultante, les ouvriers à la repousser. Pour la première fois, que MM. Clémenceau, Millerand et Camille Pelletan mettaient l'arbitrage à l'épreuve, ces messieurs montraient qu'ils ne l'admettaient qu'à la condition que la sentence ne fût le simple enregistrement des prétentions de leurs mandants.

Les députés avaient autrefois la pudeur de se présenter comme pacificateurs. Aujourd'hui MM. Baudin, Ferroul, Pablo Lafargue et leurs amis vont ouvertement soutenir les grèves. Ils considèrent que l'excitation à la guerre sociale fait partie de leur mandat.

Yves Guyot

Avec une certaine malice, ils poussent les grévistes à demander aux autres députés de se joindre à eux, afin de mettre quelques-uns de leurs collègues dans l'embarras. Quant à moi, j'ai répondu aux grévistes de Carmaux :

13 septembre 1892.

Citoyens,

J'ai l'honneur de vous accuser réception de votre lettre du 10 septembre dans laquelle vous me demandez de mettre ma parole au service de la grève de Carmaux et de venir au milieu de vous. Je suis prêt à vous donner mon concours, mais sous une autre forme, qui nécessite une explication dont la franchise pourra vous déplaire, mais vous être utile.

Les intentions, les mobiles, les opinions politiques de la Compagnie, je n'ai pas à les apprécier. Je crois volontiers que vous êtes de plus sincères républicains que ses administrateurs. Mais là n'est pas la question.

La voici :

M. Calvignac a été nommé maire. Ses fonctions électives l'empêchent de pouvoir se conformer aux conditions et aux règlements en usage dans les mines de Carmaux. Il veut cependant y rester tout en en venant qu'aux jours et aux heures qu'il jugera compatibles avec les nécessités de la mairie. La Compagnie n'accepte pas, et alors vous déclarez qu'elle viole le suffrage universel.

Mais supposons que M. Calvignac fût employé d'une Compagne de chemin de fer, conducteur de train, mécanicien ou chauffeur de locomotive ou aiguilleur, pourrait-il dire à la Compagnie ? « Je suis maire, je ne ferai mon service que lorsque les nécessités de la mairie me le permettront. Les trains attendront. »

Supposons que M. Calvignac soit voyageur de commerce : pourrait-il dire à son patron : « Me voici maire ; je ne pourrai pas voyages pendant plusieurs mois continus comme je le faisais auparavant, je ne ferai que les tournée compatibles avec mes fonctions. Cependant vous me garderez ma position. »

N'y a-t-il pas une foule de citoyens qui se trouvent dans des cas analogues et non seulement des ouvriers salariés, mais des industriels, des commerçants, des officiers ministériels, des avocats,

LIVRE VI : LES RESPONSABILITÉS

des médecins ? Combien y en a-t-il qui ne peuvent accepter non seulement les fonctions de maire, mais celles de député, parce qu'il leur faudrait abandonner leur clientèle, compromettre leurs intérêts ? Entre les fonction électives et les occupations d'une foule de citoyens français, il y in incompatibilité ; et ni la loi, ni le gouvernement ne peuvent assurer à un médecin, à un commerçant la clientèle qu'il perdra s'il la néglige, ni à un employé, ni à un ouvrier sa position, s'il assume des charges qui l'empêchent de la remplir.

Quand M. Joffrin devint conseiller municipal de Paris, il ne s'avisa point d'obliger une usine à le garder comme ouvrier ; ses électeurs et ses amis se groupèrent et pourvurent à l'indemnité qui était nécessaire pour assurer son indépendance.

C'est une solution semblable qui me paraît seule possible dans la situation de M. Calvignac, et, à titre d'exemple, je suis prêt à y contribuer pour ma part.

Cet acte, croyez-le, vaudra mieux que des discours, des violences et des déclamations qui ne peuvent aboutir qu'à des crises, des conflits et des misères.

Recevez, citoyens, l'assurance de ma profonde sympathie pour les véritables intérêts des travailleurs.

Yves Guyot.

Invité par les ouvriers de la salaison en grève à assister à une de leurs réunions à la Bourse du Travail, je leur répondis par cette simple lettre :

29 novembre 1892.

Messieurs,

J'ai l'honneur de vous accuser réception de l'invitation que vous avez bien voulu m'adresser, d'assister à la réunion que vous tenez aujourd'hui à la Bourse du travail.

J'ai le regret de ne pouvoir l'accepter. Je considère que les députés ne doivent pas plus intervenir dans les discussions existant entre employeurs et employés qu'ils ne peuvent intervenir dans les procès existant entre particuliers.

Les événements de Carmaux ont montré les déplorables effets

de cette ingérence, ainsi que de celle du gouvernement. Le devoir des députés est de faire de bonnes lois, basées sur les principes de liberté et d'égalité, qu'on paraît trop méconnaître aujourd'hui, et d'exiger du gouvernement qu'il maintienne l'ordre public et le respect de la loi.

Veuillez agréer, messieurs, l'assurance d'une sympathie dont la franchise est la meilleure garantie.

Yves Guyot.


M. Goblet avait la même opinion sur le rôle des députés en 1882 quand il était ministre de l'Intérieur, mais en 1892, il faisait publier une note (21 septembre) disant qu'il avait fait une démarche auprès du gouvernement « afin de le déterminer d'user des moyens que la loi lui donne pour mettre fin à un conflit qui n'a que trop duré. » On abuse ainsi les grévistes en les hallucinant par des espérances qui ne peuvent se réaliser. On prolonge leurs misères par des souffrances, et les députés et sénateurs qui ont pris si chaudement leurs intérêts ne leur donnent que des déceptions.

## CHAPITRE II
### Les subventions aux grévistes.

La question au Conseil municipal de Paris. — Le 2 avril 1884. — Mon argumentation. — Demande repoussée. — Les grèves et le septième Conseil municipal. — Moyens hypocrites. — « Actes sympathiques. » — Proposition de M. Ferroul le 25 novembre 1889. — Les 117.


En attendant ce résultat final, l'intervention des députés dans les questions de grèves a convaincu les grévistes que les pouvoirs publics devaient venir à leur secours par des subventions.

La première fois que la question se présenta au Conseil municipal de Paris, ce fut, en 1884, à propos de la grève d'Anzin, sur une proposition d'un secours de 10.000 francs présentée par M. Pichon. Je la combattis et la fis repousser par 55 voix contre 20 par quelques arguments que je me permets de rappeler.

M. Yves Guyot. — Je vous prie, messieurs, de repousser cette proposition, afin de rester fidèles aux principes de la politique de liberté, au point de vue économique, que vous avez adoptée au conseil municipal.

M. Joffrin. — Pas moi.

M. Yves Guyot. — Si aujourd'hui vous intervenez entre les employeurs et les travailleurs, vous donnerez un démenti aux principes auxquels vous vous êtes ralliés. Que chacun intervienne individuellement en faveur des mineurs et fasse ce qui lui convient. (*Très bien !*)

Nous, nous ne pouvons intervenir qu'avec l'argent des contribuables. Si, aujourd'hui, vous intervenez dans les contrats qui existent entre les particuliers, sous prétexte de grèves, il n'y a pas de raison pour que vous ne preniez pas parti demain dans les autres grèves, et cela sans exception. Car pourquoi refuserez-vous votre concours à l'une d'elles ? Ce serait une intervention perpétuelle du conseil dans les conventions particulières. Nous ne pouvons pas plus subventionner les ouvriers que nous ne pourrions subventionner la compagnie…

Vous demandez une politique de compression en préconisant l'intervention de la ville de Paris.

Piteusement, vous proposez un secours de 10.000 fr. Qu'allez-vous faire ? vous allez leurrer les mineurs et faire naître en eux des illusions décevantes, vous allez leur faire croire que la Ville de Paris se compromet en leur faveur.

Aujourd'hui, on vous propose une intervention honteuse…

Si je suivais cette politique, ce n'est pas 10.000 fr. que j'aurais demandés.

Car, lorsque les 10.000 francs seront épuisés, que ferez-vous ? Si vous voulez prendre une mesure efficace, décidez que vous mettrez chaque semaine 100.000 francs à la disposition des familles des mineurs.

M. Joffrin. — Cette proposition serait repoussée aussi bien que la mienne.

M. Yves Guyot. — La mine, quoi que vous prétendiez, constitue une propriété individuelle et la concession d'Anzin a été primitivement accordée à quelques individus.

On vient parler de bénéfices réalisés. Il semblerait que certains Français n'ont d'autre désir que de voir tous leurs compatriotes se ruiner dans toutes leurs entreprises. Quant à moi, je regrette qu'il n'existe pas un grand nombre de sociétés minières, ayant réalisé les mêmes bénéfices ; cela vaudrait mieux que de voir 45% des concessions non exploitées comme le constate la commission d'enquête de 1873…

Je demande au Conseil municipal, pour qu'il fût logique, d'ouvrir un chapitre particulier ayant pour titre : « Primes et encouragements aux grèves. » Ce que je disais par ironie a été réalisé. Le septième conseil municipal n'a pas subventionné, moins de vingt-deux grèves. Il a donné 2.000 francs à la grève des ouvriers des allumettes qui sont des ouvriers de l'État. Je ne sais si le préfet a approuvé cette intervention du Conseil municipal contre le Gouvernement. Le Conseil municipal avait, le 11 juillet 1891, donné un secours de 10.000 fr. aux ouvriers en grève du chemin de fer d'Orléans et le 24 juillet 1891, de 20.000 fr. à l'ensemble des ouvriers des chemins de fer. Ces deux délibérations ont été annulées : mais l'administration n'a pas été aussi rigide pour toutes. Elle a transigé en ne distribuant les secours aux familles qu'après la grève, comme si, par ce moyen hypocrite, elle ne donnait pas du crédit à la grève moralement et matériellement.

C'est si bien un appui que le Conseil municipal veut donner aux grévistes que M. Mesureur, au Conseil municipal, rapporteur de la proposition de subventions à la grève de Decazeville qui avait préludé par l'assassinat de M. Watrin, disait : « Il faut plus qu'une manifestation platonique de sympathie pour les mineurs de Decazeville : il faut un acte. »

Tandis que le Conseil municipal subventionnait ainsi les grèves, la question, je crois, ne s'est présentée qu'une fois au Parlement.

Le 25 novembre 1889, M. Ferroul déposa une proposition de loi tendant à l'ouverture d'un crédit de 150.000 fr. pour secourir les victimes des grèves du Nord, du Pas-de-Calais et de Tours.

Ministre, je fis le même accueil à cette proposition que celui que j'avais fait cinq ans auparavant, comme conseiller municipal, à celle de M. Pichon. Ayant dit que « la grève était un fait volontaire », je fus violemment interrompu « sur plusieurs bancs à l'extrême gauche ; » mais je demandai de nouveau si nous devions « faire intervenir les forces sociales, une partie du budget, » en faveur des grèves ; si nous devions poser le principe de la « subvention des grèves par l'État. » La proposition fut repoussée par 364 voix contre 117.[1]

## CHAPITRE III
### Le pouvoir exécutif et judiciaire et les grèves.

Mauvais état psychologique. — L'amnistie. — La grâce. —

[1] Je crois qu'il n'est pas inutile de reproduire les noms des 117 députés qui ont fait ce jour là du vrai socialisme.

ONT VOTÉ POUR :

MM. Aimel (Henri). Argeliès.

Bargy, Barodet, Barrès (Maurice), Baudin, Baulard, Beauquier, Belleval (de), Bézine, Borie, Boudeau, Boudeville, Bouge, Boyer (Antide), Boysset.

Calvinhac, Castelin, Chassaing, Chautemps, Chiché, Clémenceau, Cluseret, Corneau, Cousset, Coutisson, Couturier.

Dellestable, Deprez (Audré) (Pas-de-Calais), Déroulède (Paul), Desmons, Dethou, Deville, Dreyfus (Camille), Ducoudray, Dumas, Dumay, Dumonteil.

Engerand.

Farcy (Eugène), Ferroul, Forcioli, Franconie.

Gabriel, Gacon, Gauthier (de Clagny), Gillot, Girodet, Goussot, Granet, Granger, Guillemaut.

Haussmann, Hovelacque.

Jacquemart, Jacques, Joffin, Jourdan (Louis), Jourde.

Lachize (Rhône), Lacroix (Loiret), Laffon (René) (Yonne), Languet, Laguerre, Laissant, Lalou, Laporte (Gaston), Lasbaysses, Laur, Leconte (Alfred) (Indre), Le Hérissé, Léouzon-Leduc, Le Senne, Le Veillé, Leydet, Lockroy.

Magnien, Martineau, Martinon, Mathé (Félix) (Allier), Mathé (Henri) (Seine), Maujan, Maurice Faure (Drôme), Merlou, Mesureur, Michel (Alfred), Millerand, Millevoye (Lucien), Montaut (Seine-et-Marne), Moreau (Émile).

Naquet (Alfred).

Ornano (Cunéo d')

Pajot, Paulin Méry, Pelletan (Camille), Pichon (Seine), Pontols, Poupin, Prost (Victor).

Rabier, Raspail (Camille) (Var), Rathier, Revest, Révillon (Tony), Richard (Pierre), Roche (Ernest) (Seine), Rousse.

Saint-Martin (Seine), Salis, Soubet.

Terrail-Mermeix, Terrier, Théron, Thivrier, Turigny.

Vacher, Ville.

Yves Guyot

Intervention des ministres. — L'abstention des magistrats. — Les jurés. — La circulaire de M. Lozé. — La force armée. — C'est une provocation ! — Les patrouilles de Carmaux. — Faiblesse du gouvernement. — Même faits pour la grève de la Taupe et du Grosménil. — Les ouvriers des manufactures de l'État. — Concessions.

La grève n'étant ni dans la conception ni dans les actes des grévistes un fait économique d'offre et de demande, immédiatement quand une grève éclate, les patrons ont à craindre des violences sur leur propriétés et leurs personnes, les non-grévistes ont à craindre pour leur sécurité ; les gendarmes, les fonctionnaires, les magistrats et les ministres redoutent des troubles et la répercussion des divers événements qui peuvent se produire sur le Parlement. Si l'état psychologique et moral est mauvais du côté des grévistes, il est troublé chez ceux que la grève peut toucher plus ou moins indirectement.

Périodiquement, certains députés bienveillants s'empressent de demander l'amnistie « pour faits connexes à la grève » et d'autres députés, pas révolutionnaires du tout, s'y associent. Ils votent l'amnistie des assassins de Watrin et d'autres grévistes qui ont frappé et blessé des camarades. Par une singulière aberration, ils considèrent que la victime, c'est le coupable ; et ils sont plein d'indulgence et même de tendresse pour lui. Le 28 octobre 1892 M. Terrier déposait une demande d'amnistie pour les faits de Carmaux qui réunissait 197 voix, dont quatre membres de la droite, contre 323. Le 26 juin 1893, M. Camille Dreyfus déposait une demande d'amnistie totale, qui réunissait 115 voix !

Beaucoup de ministres se figurent que leur devoir est d'intervenir dans les grèves. Par une lettre du 9 juin 1886, M. Baïhaut invitait la compagnie de Decazeville à relever le prix de certains travaux de 1 fr. 90 à 2 fr.

Quand la police, la gendarmerie, les fonctionnaires et les magistrats voient intervenir un ministre en faveur des grévistes, ils savent que s'ils font acte de vigueur, ils risquent d'être sacrifiés. Ce n'est pas avec de pareils sentiments qu'on peut avoir de l'autorité pour agir.

LIVRE VI : LES RESPONSABILITÉS

Certains magistrats, désapprouvant les lois de 1881 et de 1884, ont paru prendre le parti de ne plus appliquer aucune loi afin de préparer l'ordre avec du désordre. La circulaire confidentielle de M. Lozé du 2 avril 1888 est un monument qui constate cet état d'esprit.

Messieurs,

Je vous informe que le parquet n'a pas cru devoir donner suite à certains procès-verbaux dressés ces jours derniers contre des grévistes pour entrave à la liberté du travail.

Il estime que, par suite de l'abrogation de l'article 416 du Code pénal par la loi de 1884 sur les syndicats professionnels, les voies de fait de nature à entraver le libre exercice du travail ne sont punissables que si elles ont été directement exercées sur les personnes et que, par conséquent, ne peuvent être poursuivis ceux qui, comme la plupart des grévistes arrêtés ces jours-ci, se sont bornés à détruire des outils ou à renverser des tombereaux, sans avoir préalablement menacé ou frappé les ouvriers dont ils cherchaient à interrompre ainsi le travail.

Vous aurez donc, le cas échéant, à bien spécifier dans vos procès-verbaux, la nature des menaces ou voies de fait à la charge des grévistes contre lesquels vous verbaliseriez et à faire ressortir, s'il y a lieu, que, par exemple, la destruction des outils a été précédée de menaces faites à l'ouvrier entre les mains duquel ils se trouvaient ou que le renversement d'un tombereau n'a eu lieu qu'après menaces ou voies de fait envers son conducteur.

*Le préfet de police,*

Lozé.

D'après cette théorie, les grévistes ne seraient pas de simples citoyens. Ils auraient le privilège de briser et de piller les objets appartenant à autrui.

Il est vrai que, le lendemain, M. Lozé adressait une autre circulaire ainsi conçue :

« Paris, 2 août, 7 h. soir.

Yves Guyot

« Monsieur le commissaire de police,

« Veuillez considérer comme non avenue la circulaire confidentielle qui vous a été adressée le 31 juillet, à cinq heures du soir, les individus coupables d'enlèvement et de bris d'outils, ou ceux qui auraient renversé les chargements contenus dans les tombereaux, étant l'objet de poursuites judiciaires ».

Mais quelle autorité a une magistrature et une administration susceptibles de pareilles variations ?

Certains magistrats appliquent le Code Pénal avec une douceur et une indulgence qui donnent toute latitude aux tyrans d'ateliers et de syndicats. Au mois de février 1883, sur vingt grévistes de Rive de Gier, inculpés d'entraves à la liberté du travail, avec menaces, coups, deux seulement furent retenus et condamnés à 25 francs d'amende et cependant ils avaient frappé un vieillard de soixante-quatorze ans.

Quelquefois ils vont jusqu'à des condamnations à quinze jours, vingt jours de prison ; rarement ils dépassent quelques mois. Les courtes peines ne servent qu'à faire des récidivistes. Les longues peines seules sont efficaces au point de vue de la répression.

Les magistrats du ministère public vous répondent, plus ou moins ouvertement : — Si je prends la responsabilité des poursuites, il ne peut en résulter que des désagréments pour moi, Je ne me sens pas soutenu, Je suis attaqué dans les journaux et au Parlement. Si j'obtiens une condamnation, on lui opposera l'amnistie ; et si le gouvernement repousse l'amnistie, il promettra et il donnera de larges grâces. Pourquoi envoyer des gens en prison, si je suis obligé de les remettre en liberté et de leur faire des excuses ? »

Il faut ajouter que les jurés n'encouragent pas les magistrats et se montrent parfois d'une faiblesse qui touche à la complicité.

Dans la réunion du 3 juin 1886, destinée à célébrer la grève de Decazeville, sous la présidence de M. Albert Goullé, alors évadé de prison et aujourd'hui collaborateur de M. Goblet à la *Petite République Française*, MM. Jules Guesde, Pablo Lafargue prononcèrent des discours où était invoqué « le fusil libérateur » ; où ils disaient que le moyen de résoudre la question sociale était d'envoyer « les Rothschild, les d'Audiffret Pasquier, les Léon Say, à Mazas ou au mur ! » Ils furent traduits devant la cour d'assises. M. Pablo Lafargue terminait sa défense en disant : « Quand nous serons le gouvernement, les financiers nous les exécuterons ! » Le jury, en les acquittant, sembla approuver cette manière de voir.

Dans les affaires des explosions de dynamite, les jurés de Paris acquittent Chaumentin, Beala, la fille Soubière, complices de Rachavol, et admettent les circonstances atténuantes pour cet aimable personnage : et ils ont semblé, depuis, continuer ces ménagements dans diverses circonstances.

Quand une grève éclate, des menaces de mort sont proférées ; une triste expérience prouve qu'il est utile de protéger les établissements industriels. Les incitation qui précèdent le 1$^{er}$ mai démontrent que la paix ne sera assurée, ce jour-là, que si les farceurs qui imposent le chômage, sont bien convaincus que la prudence est obligatoire. On est, dans ces diverses circonstances, obligé de recourir à l'armée. Aussitôt éclatent des protestations. À propos de la grève de Bessèges, M. de Lanessan accusait M. Goblet d'avoir commis « une provocation » en envoyant des troupes garder le ventilateur. À l'entendre, ce n'était par Fournière qui avait proclamé la grève, c'était le général. En 1886, le maire de Decazeville, M. Cayrade avait renvoyé grossièrement les gendarmes au moment où M. Watrin fut assassiné, et le 10 octobre 1892, M. Dumay ne trouvait rien de mieux, pour terminer la grève de Carmaux, que de demander le renvoi des troupes. Il trouvait quatre-vingts députés pour appuyer cette lumineuse idée.

Ainsi soutenus, les généraux, commandants, officiers, soldats requis pour cette besogne fatigante et ennuyeuse à tous les points de vue, doivent avec la patience recommandée par certain évangile, accepter les injures, les outrages et recevoir les projectiles variés sans protester.

Loin que cette faiblesse soit un moyen de prévenir les conflits graves, elle peut avoir les plus funestes conséquences ; car il arrive toujours un moment où l'audace des manifestants, croissant en raison de la mansuétude qu'on leur témoigne, les troupes sont obligées des se dégager et de se défendre. Le meilleur moyen d'éviter l'effusion de sang, c'est d'habituer, par des ordres précis et formels, non dissimulés, les hommes qui se trouveraient en contact

Yves Guyot

avec l'armée à la respecter : et j'ajoute qu'au point de vue de notre dignité nationale nous ne devons admettre aucun fait qui soit de nature à affaiblir la considération à laquelle elle a droit, quand le gouvernement est forcé de faire appel à son intervention.

Depuis le 15 août 1893, des patrouilles de mineurs circulaient à Carmaux, ayant à leur tête M. Baudin, député, qui, montrant un revolver aux gendarmes et aux soldats, les injuriait et les sommait de céder le pas aux grévistes. Elles hurlaient la Carmagnole, proféraient des menaces et avaient pour but d'empêcher toute tentative de reprise du travail. Au 10 octobre, M. Loubet, le président du Conseil, s'aperçoit que ces patrouilleurs ne représentent peut-être pas l'ordre et le préfet fait afficher un arrêté pour interdire « sur la voie publique de Carmaux, Blage, Rosières et Saint-Benoît, toutes manifestations, tous attroupements et rassemblements, réunions ou formations de groupes de nature à faire naître des conflits ou à entraver la circulation. » Y avait-il donc besoin d'un arrêté ? et les manifestations, attroupements, etc., étaient-ils donc autorisés sur tous les autres points du territoire français, sauf les territoires des communes citées ? Et pourquoi cette interdiction, après cinquante-cinq jours de faiblesse, pour ne pas dire de connivence, pendant lesquels le ministre de l'Intérieur laissait, sans un seul démenti, publier des notes, des récits d'entrevues avec certains députés, dans lesquels il était affirmé « qu'il interviendrait en faveur des mineurs. » Et cet arrêté pris, fut-il appliqué ? M. Baudin cessa-t-il ses promenades ? Est-ce que les maires des communes désignées n'y répondirent pas par des injures et des outrages ? Le ministre de l'Intérieur compléta sa politique de faiblesse et d'incohérence en acceptant l'arbitrage ; et ceux qui l'avaient sommé de l'accepter et à qui il avait subordonné toute sa politique pendant deux mois déchirèrent la sentence ! C'était un châtiment mérité ; car M. Loubet aurait dû savoir qu'un ministre doit non pas intervenir dans le conflit d'intérêts particuliers, mais maintenir l'ordre public par le respect de la loi.

Malgré l'expérience si décisive de Carmaux, nous voyons M. Charles Dupuy suivre les mêmes procédés pour la grève de la Taupe et du Grosménil (Haute-Loire), et le sous-préfet de Brioude, se met à la suite d'un délégué de la Bourse de Paris, M. Dufour, pour exiger que la Compagnie verse une indemnité à deux ouvriers qu'elle avait renvoyés parce qu'ils avaient l'habitude de faire 20% ou 25% d'ouvrage en moins que leurs camarades ; que le travail ne soit repris que vingt-quatre heures après qu'il les aura replacés dans une mine voisine, et promettre que tous les grévistes condamnés pour faits de grèves seront mis en liberté.[1]

Le gouvernement a des ouvriers dans les manufactures d'allumettes et de tabac. Ils reçoivent des pensions de 600 francs pour les hommes, de 300 pour les femmes et divers avantages. Ils se sont mis en grève (20 mai 1893), pour demander une augmentation de salaires de 15%, la suppression des punitions, le renvoi de certains contrôleurs. Le ministre des finances accepta l'augmentation demandée par les grévistes, mais maintint l'exclusion de Deroy qui s'était mis à la tête de la grève et qui était membre d'un syndicat, de sorte que si la loi Bovier-Lapierre eût été en vigueur, le ministre des finances eût du être condamné en police correctionnelle : et le 28, il finit par accepter la réintégration de Deroy, donnant ainsi l'exemple de la faiblesse à l'égard des prétentions et des exigences des grévistes !

Pendant que Deroy rentrait dans l'atelier, un directeur des manufactures de l'État était obligé de s'en aller. Comment de telles défaillances pourraient-elles inspirer de l'énergie et de la dignité aux fonctionnaires ?

Le devoir des fonctionnaires et des magistrats peut se résumer ainsi :

1° Maintenir l'ordre public, et nous entendons par là, la sécurité des personnes, des propriétés et la liberté du travail.

2° Faire respecter la loi dans toute son intégrité et l'appliquer avec toutes ses conséquences, sans hésitation, sans réticence et sans compromission timide.

## CHAPITRE IV
### Liberté et anarchie.

Ne pas confondre. — Un exemple. — La Bourse du travail. — Les occupations de la Bourse du travail. — Le journal de la Bourse du travail et l'armée. — Le placement. — La salle des grèves. —

1 Voir le *Siècle* du 16 juin 1893.

Yves Guyot

« Le lèse-syndicat. » — La Commune et la Bourse du travail. — Le Comité Central et la Bourse du travail. — Le nombre des adhérents. — Mise en demeure du gouvernement. — Réponse de la Bourse du travail. — Le lâchez-tout de l'administration. — La liberté de réunion aux États-Unis. — La vraie question de la Bourse du travail. — Les anarchistes permanents.

Il ne faut pas confondre la liberté avec l'anarchie : la liberté, c'est le respect réciproque des droits des individus selon certains règles fixes qui s'appellent la loi : l'anarchie, c'est le privilège des uns et la spoliation des autres, selon les caprices et l'arbitraire des habiles et des violents, la faiblesse et l'inertie des timorés.

Nous avons un exemple d'un état d'anarchie, établi avec la connivence du gouvernement et de l'administration dans les Bourses du travail.

Comme toutes les idées exploitées par les socialistes, la conception de la Bourse du travail appartient à un « vil économiste ». Ce fut M. de Molinari[1] qui, en 1843, considéra qu'il serait utile d'établir des centres d'informations où se produiraient les offres et les demandes, où seraient arrêtés les cours de la marchandise travail, comme à la Bourse des finances sont établis les cours des marchandises. Il poursuivit son idée avec persévérance, la fit partager en 1848 à M. Ducoux, préfet de police, essaya de la réaliser par un journal en Belgique, en 1857, et l'a vue enfin prendre corps dans la Bourse du travail installée le 3 février 1887, rue Jean-Jacques-Rousseau, puis le 22 mai 1892 rue du Château-d'Eau, dans le bel immeuble d'une valeur de trois millions que le Conseil municipal a fait édifier pour cet usage.

Le bâtiment a été remis à des syndicats et groupes corporatifs placés sous le contrôle de la deuxième commission du Conseil municipal. Quand ils demandent de l'argent, ils ne se donnent même pas la peine de lui envoyer des renseignements, comme le constate une lettre du président de cette commission en date du 15 décembre 1892. Ils entendent être autonomes, mais recevoir des subsides ; ils ne se contentent pas seulement du chauffage et de l'éclairage que leur fournit la ville. Ils avaient un budget de 50.000

---

1 Voir de Molinari, *Les Bourses du travail*. 1893.

fr., ils ont demandé qu'on le portât à 99.932 fr. Le conseil municipal effrayé de cette progression de 100 pour 100 la partagea et alloua 75.000 fr. sur lesquels46.000 fr. sont consacrés à des appointements et à des jetons de présence et 11.700 aux frais d'impression du journal la *Bourse du travail* dont une partie est réservée à l'apologie et à des plans d'organisation de la guerre sociale, aux attaques de toutes sortes contre « le gouvernement des patrons et des bourgeois », aux injures contre les personnes qui ne conviennent pas à la commission exécutive, dans des termes qui fera apprécier la phrase suivante consacrée à notre armée :

« Les journaux bourgeois déplorent la perte de dix-sept officiers depuis le commencement de la campagne du Dahomey.

« Il n'y a pas de quoi. »

(4 *Décembre* 1892).

La Bourse du travail envoie des délégués partout où peut se produire une grève afin de la mener à bien et de ne pas la laisser avorter dans l'œuf.

Quant au placement des ouvriers, et après les renseignements qu'elle a bien voulu fournir au mois de mars 1893 au Conseil municipal, elle n'a guère placé que des garçons de coiffeurs et des employés d'hôtel pour extras. Les patrons ont de la méfiance et n'y vont point chercher leurs ouvriers et leurs employés. Les détenteurs de la Bourse du travail espéraient que par la loi sur les bureaux de placement, ils triompheraient de cette mauvaise volonté. Leur fureur a été en raison de leur déception, parce que j'ai osé dire :

Eh ! messieurs, nous avons des syndicats à la Bourse du travail ; nous les voyons fonctionner. Nous savons ce qu'ils sont ; croyez-vous donc que même ces syndicats sont constitués régulièrement ? D'après les documents qui ont été publiés, plus des deux tiers des syndicats inscrits à la Bourse du travail ne sont pas régulièrement constitués, et cependant ils font des placements.

Vous avez dû voir dernièrement, dans le *Bulletin de la Bourse du travail,* la revendication hautement affirmée que les syndicats qui

Yves Guyot

en font partie ne doivent pas se mettre en règle avec la loi du 21 mars 1884.

Enfin, monsieur le rapporteur, êtes-vous allé faire un tour à la Bourse du travail ? Je vous engage à y aller un jeudi, dans la salle des grèves. C'est là que se réunissent les garçons coiffeurs pour chercher des extras pour le samedi suivant. Vous y verrez des gens qui ne viennent là que pour ne pas trouver d'ouvrage, qui se contentent d'un extra d'un jour par semaine et qui, le reste du temps, ou vagabondent ou viennent s'y réfugier en temps de pluie…

Comme on insistait le lendemain, je les ai appelés « détritus ». Du reste, ainsi que l'a constaté solennellement M. Auguste Vacquerie, « ces injures ni visaient ni les syndicats de la Bourse en général, ni les syndiqués du bâtiment en particulier. » Ils ne m'en ont pas moins envoyé des injures collectives dans les diverses réunions où j'ai été flétri et condamné à des expiations variées pour « crime de lèse-syndicat ». Je les ai acceptées avec résignation et sans étonnement.

Mais j'ai été étonné en apprenant que c'étaient mes paroles qui avaient révélé au ministre de l'Intérieur un état de choses qui n'avait rien de mystérieux. Avec le plus grand empressement, les représentants de la Bourse du travail ont proclamé qu'il s'y trouvait des syndicats illégalement constitués, et qu'ils considéraient non seulement que c'était leur droit, mais que cette illégalité devenait un devoir. Ils avaient célébré le 1er mai. Ils fermaient la Bourse du travail le 28 mai, et ils allaient solennellement rendre hommage aux morts de la Commune.

La Bourse du travail se ramifie avec les Bourses de Lyon, de Saint-Étienne, Marseille, Bordeaux, Nîmes, Montpellier, Toulouse, Cholet, Toulon, Calais, Cours (Rhône), Troyes. Pour cette fédération, les questions de travail sont au second plan et l'action révolutionnaire au premier. De même qu'il était facile de voir l'embryon de la Commune dans le Comité central, il est aisé d'apercevoir dans cette organisation la préparation de la guerre sociale.

Le personnel des Bourses du travail n'est formé, du reste, que

LIVRE VI : LES RESPONSABILITÉS

par la minorité agitée qui a le moins le droit de parler au nom des travailleurs. Les syndicats s'y multiplient à cause des jetons de présence de leurs représentants ; mais il y a des syndicats qui ne se composent que d'un état-major : les soldats sont absents. D'après l'*Annuaire du ministère du Commerce,*il y aurait eu l'année dernière à la Bourse du travail 172 syndicats représentant 58.00 adhérents, moins de 7,34 pour 100 de la population ouvrière estimée à Paris à 790.000 personnes. D'après une enquête faite par M. G. Hartmann, en 1890, le nombre des ouvriers, payant régulièrement leur cotisation, ne dépasserait pas 5 à 6.000. Ayant relevé, à la Bourse du travail, les chiffres de 19 syndicats, il a trouvé 1.720 adhérents pour des professions représentant 40.570 ouvriers, soit 4,29 pour 100.[1]

M. Charles Dupuy, ministre de l'intérieur, a mis en demeure les syndicats non légalement constitués qui se trouvaient installés à la Bourse du travail de se mettre en règle avec la loi avent le 5 juillet 1893 et le 1ᵉʳ juillet, il a suspendu les subsides.

Les membres de la commission exécutive et du comité ont répondu « à l'affront inqualifiable que le ministre de l'Intérieur vient d'infliger à la classe ouvrière, que la dignité, l'honneur du prolétariat lui commandent de ne pas laisser passer une aussi odieuse provocation. »

D'où vient cette question de la Bourse du travail ? D'où vient-elle ? sinon du laisser-aller de l'administration. La Bourse du travail de la rue J.-J. Rousseau avait déjà fait ses preuves dans les grèves des terrassiers et des garçons limonadiers en 1888, si bien que M. Floquet crut nécessaire de la fermer. Quand on remit en 1892 le grand bâtiment de la rue du Château-d'Eau aux chambres syndicales et groupes corporatifs, il eût d'abord fallu déterminer l'objet auquel il serait consacré, spécifier son mode d'administration, de manière que le gouvernement et la préfecture de la Seine eussent des personnes responsables en face d'eux ; et il eût fallu tenir la main à ce que ces conditions fussent strictement exécutées. On a trouvé plus simple de laisser la Bourse du travail agir en pleine anarchie. On a ajourné la difficulté, comme s'il n'était pas plus difficile d'arrêter un cheval emporté que de le maintenir à

---

1 Voir une série d'articles sur les Bourses du travail de M. Léon Ducret, dans le *Siècle* du 12 novembre 1892 et suiv.

Yves Guyot

une allure correcte.

Si nous prenons modèle sur les peuples qui ont conquis et su garder la liberté bien avant nous, nous n'en trouvons pas un qui admettrait une institutiontelle que la Bourse du travail actuelle dans un bâtiment municipal et subventionné par les contribuables. Le premier amendement de la constitution des États-Unis proclame la liberté complète de réunion et d'association. Mais voici comment elle est pratiquée. Toute réunion doit être convoquée dans un but déterminé ; et les mœurs sont d'accord avec la loi pour qu'il en soit ainsi ; mais si la réunion oublie son ordre du jour, son existence légale cesse. Si elle ne se dissout pas d'elle-même, elle sera dispersée au besoin par la force. À plus forte raison n'y a-t-il pas d'hésitation pour dissoudre toute manifestation violente.[1]

À la Bourse du travail, il ne s'agit pas seulement de savoir si des syndicats se sont conformés à l'article 4 de la loi de 1884 : car l'injonction du ministre aurait pour résultat de faire de la Bourse du travail le domaine exclusif de syndicats qui deviendraient obligatoires, tandis qu'elle doit être ouverte à certaines conditions, à tous ceux qui veulent traiter les question d'offre et de demande de travail.

Une bourse a pour objet de mettre en présence des vendeurs et des acheteurs. À la Bourse du travail, les vendeurs de travail voulaient être isolés des acheteurs. Ils y étaient les maîtres, mais pour faire une tout autre besogne que celle qu'implique le mot bourse.

Il s'agit de savoir si des syndicats, constitués légalement ou non, peuvent entendre « l'étude et la défense des intérêts économiques » par l'apologie et la propagande de la guerre sociale ; si les contribuables parisiens doivent mettre au service de révolutionnaires de pratique, quand ils le peuvent, d'aspiration toujours, un monument public ; si le gouvernement et l'administration, avec une condescendance bénigne, doivent alimenter un foyer de désordre où l'illégalité prend le caractère d'un dogme ; où l'excitation à la spoliation est le canevas des discours habituels ; et où le gouvernement et l'administration, en échange de leurs bons offices, ne reçoivent que la répétition constante de l'assurance du plus profond mépris.

Les anarchistes dangereux, ce ne sont point Ravachol et ses

---

1 Conditions du travail, p. 16.

complices, criminels demi-aliénés, qui peuvent faire quelques victimes, mais disparaissent rapidement ; ce sont les anarchistes permanents, comme les agitateurs de la Bourse du travail ; comme les conseillers municipaux et les députés qui se constituent leurs flatteurs et leurs complices ; et surtout les gouvernants et les administrateurs qui laissent faire pour ne pas « se créer d'affaires. »

## CHAPITRE V
### Le socialisme des patrons.

I. Part de responsabilité dans le mouvement socialiste. — Limitation des obligations du travailleur. Les institutions ouvrières. — D'où vient leur échec moral. — Trop de philanthropie. — « Administration paternelle. » — La docilité de l'ouvrier. — Pas de reconnaissance. — L'expérience de M. Cosserat. — Rapports des ouvriers et des patrons. — Le mot « Patron » est impropre. — II. Définition du contrat. — Le contrat de travail. — Sa limite. — Vendeur et acheteur de travail. — Antinomie erronée du capital et du travail. — Le salaire ne vient pas du capital. — III. Le travail. — L'article 1780. — La loi du 27 décembre 1890. — Elle doit supprimer la grève. — IV. Règles des institutions patronales.

I. — Les patrons ont leur très grande part de responsabilité aussi dans le mouvement socialiste, non pas que je leur reproche leur âpreté, leur dureté, et de ne pas s'être assez occupés de leurs ouvriers. Au contraire, je leur reproche de s'en être trop occupés, et en s'en occupant, d'avoir méconnu le véritable caractère du contrat de travail.

L'employeur n'est ni le directeur religieux, ni le directeur politique, ni le directeur intellectuel des travailleurs. Quand M. Chagot intervenait pour faire enterrer religieusement un ouvrier qui voulait être enterré civilement, il était dans son tort. Quand M. de Solanges se sert de sa situation d'administrateur des mines de Carmaux pour se faire élire député, qu'en résulte-t-il ? C'est que les mineurs prennent leur revanche trois ans après et choisissent M. Baudin pour messie.

Les travailleurs n'ont qu'une obligation à l'égard de leur patron :

Yves Guyot

c'est l'œuvre de production pour laquelle ils reçoivent un salaire. Si le patron veut en exiger autre chose, il comment un abus : dans ce cas, il aboutit à la servilité, à la révolte ou à l'hypocrisie, et il prépare de terribles retours.

Si des patrons ont trop souvent méconnu cette vérité, c'est que la plupart en sont encore à la vielle conception du chef de tribu. Ils considèrent que les devoirs de leurs ouvriers sont aussi indéterminés que leurs propres droits. C'est en vertu de cette conception aussi qu'ils veulent être bienveillants et prendre en charge leur sort. Ils y ont poussés à la fois par générosité et en même temps par un intérêt que je caractérisais de la manière suivante, au Sénat, le 21 juillet 1890 :

Les grands industriels, les grands manufacturiers, les compagnies de chemins de fer avaient senti la nécessité de fortifier le contrat de travail du côté de leurs ouvriers, afin de ne pas être exposés à des abandons fortuits.

Ils avaient donc constitué des caisses de secours, des caisses de retraite, ils avaient créé des écoles avant l'établissement de l'instruction gratuite, lis avaient assuré aux ouvriers des soins médicaux ; enfin ils leur avaient donné des avantages matériels nombreux pour retenir autant que possible les travailleurs autour des établissements qui les employaient. Certes, je suis bien loin de contester tout le bien-être qui en est resulté, ni le progrès des institutions sociales qui ont eu cette origine. Mais, d'un autre côté, il faut bien se dire que ce progrès matériel a donné, sous certains rapports, une augmentation de pouvoir arbitraire à ceux qui l'avaient constitué, car plus ils entouraient de bien-être ceux qu'ils employaient, et plus, en même temps, ils se sentaient à l'aise à leur égard ; ils considéraient en effet que l'ouvrier était retenu par de tels intérêts, qu'il pouvait supporter plus facilement une plus forte dose d'arbitraire, parce qu'il hésiterait à renoncer à la sécurité assurée pour lui, pour sa femme, pour ses enfants par les institutions de prévoyance dont on l'avait entouré.

Il était utile, je crois, messieurs, de signaler ce contraste entre les institutions de bien-être matériel qui ont été établies par la grande industrie et les irritations que vous avez vu se produire de la part de ceux-là même qui profitaient de ces institutions ; situation qu'on traduit de la manière suivante : Vraiment, les ouvriers n'ont aucune reconnaissance du bien qu'on leur fait !

Et cependant ils n'étaient peut-être pas toujours complètement dans leur tort, parce qu'on leur avait fait payer cher, au point de vue moral, le bien-être dont on les avait gratifiés.

Et le 19 novembre 1891, je complétais ces explications à propos des grèves du Pas-de-Calais et je disais :

« Les compagnies houillères ont eu le très grand tort de vouloir faire trop de philanthropie.

Le *Journal officiel* constate « *des exclamations ironiques à gauche* », qui prouvent que ceux qui les poussaient n'avaient pas mieux compris ce que j'avais dit qu'ils ne comprendront probablement ce que je vais dire : et cependant, au point de vue des compagnies houillères, l'expérience est décisive.

M. d'Audiffret-Pasquier s'écriait lors de la grève d'Anzin : « Nous dépensons plus d'un million et demi en générosités pour nos ouvriers. Notre administration est paternelle. » Eh ! oui ; et c'est là le mal ! Les compagnies ont construit des corons où elles ont caserné leurs ouvrières. Elles ont établi des sociétés coopératives qu'elles administraient elles-mêmes. Elles ont fondé des sociétés de secours et de retraites.

L'ouvrier s'est aperçu qu'il n'avait pas de part réelle à l'administration de ces caisses. Il a vu qu'avec les sociétés coopératives, tout l'argent qu'il touchait de la compagnie y retournait, et quelquefois même qu'il ne touchait rien du tout. Enfin, dans les corons, il s'est senti sous la police de la compagnie qui s'est souvent occupée de l'instruction religieuse des enfants, des mœurs de la femme ou de la jeune fille. Une fois sorti de son travail, il a continué à se sentir dépendant.

On lui a retenu de l'argent pour la caisse de secours et de retraites. Il sait ce qu'il a payé : il ne peut pas comparer des avantages aléatoires ou lointains avec les charges qu'il connaît. Il a su que s'il quittait la mine ou s'il était renvoyé, il perdrait ses versements. Il s'est vu enchaîné à la mine, complètement a elle, et d'un autre côté, la direction de la mine n'osait pas le renvoyer pour qu'on ne l'accusât pas de vouloir le voler et le dépouiller de ce qu'il avait versé. Elle se chargeait ainsi d'ouvriers mécontents et quelquefois incapables. Enfin il a appris plus ou moins vaguement que la plupart de ces caisses n'étaient pas dans un bon état financier. De plus, il a accusé les compagnies de s'en servir pour leurs usages. Et sa méfiance, erronée en général, a été justifiée par le désastre de Bessèges et de Terrenoire.

Les Compagnies avaient fait de ces avantages un moyen d'action sur les mineurs. Elles avaient voulu les enrégimenter et les discipliner par ces procédés. Elles y sont admirablement parvenues, si admirablement qu'un jour la docilité des mineurs est allée à des agitateurs qui se sont mis à leur tête, et ils leur ont obéi comme ils obéissaient auparavant aux ingénieurs et aux agents de la compagnie.

En réalité, ces combinaisons de retraites avaient pour conséquence de transformer la durée à temps des services de l'employé en services a vie. L'ouvrier a senti cette chaîne, et si douce qu'elle fût, elle lui a semblé insupportable : de là, ces saccades violentes, son impatience qui vient de se traduire d'une manière saisissante à Amiens.

M. Cosserat, filateur, avait institué des caisses de retraites, de secours et d'épargne et une société coopérative. Ses ouvriers lui ont demandé la suppression de ces institutions. M. Cosserat les a invités à vouloir lui faire connaître leurs préférences par un vote qui a donné pour la suppression 552 voix contre 76.[1]

Après un résultat de ce genre le patron dit : — « Les ouvriers ne sont pas reconnaissants. On a beau être bienveillant pour eux, ils ne vous en savent aucun gré ! »

Ils n'y sont pas obligés. Les employés doivent traiter avec les travailleurs au mieux de leurs intérêts, et les travailleurs réciproquement.

Les bons rapports personnels ne viennent que par surcroît. Ils

---

1 *La Réforme économique*, 23 avril 1893.

peuvent faciliter les relations comme la bonne humeur, le bon caractère, la loyauté favorisent les affaires de commerce ou de finances ; mais il ne faut pas y attacher une autre importance ni leur donner un autre rôle.

Je viens de me servir du mot employeur, traduction du mot anglais*employer,* beaucoup plus précis et plus juste que le mot patron qui doit disparaître de notre vocabulaire économique parce qu'il comporte d'un côté une idée de protection et de tutelle, d'un autre côté de soumission et de déférence qui altère le véritable caractère du contrat de travail, et la plupart des erreurs et des fautes commises vient de ce qu'il n'est pas bien déterminé dans l'opinion de ceux qui ont à l'appliquer.

II. - Acollas donne du contrat la définition suivante : « Le concours de une ou plusieurs volontés sur une même chose, en tant que ce concours produit un effet de droit » .[1]

Nous acceptons cette définition qu'il applique, du reste, au contrat de louage.

Après avoir fait une peinture dramatique de la vie du mineur, il dit : « Assurément il peut sembler paradoxal de ranger un tel contrat parmi ceux qui favorisent l'autonomie de l'individu ; cependant, rien n'est plus exact ; si le mineur ne louait pas ses services, il chômerait et mourrait ; en louant ses services, il échange le risque de la mort a bref délai par la faim contre le risque d'une mort à plus long terme… Donc ce que fait le mineur en se louant favorise l'autonomie du mineur. »

On peut ajouter qu'il est libre de louer ou de ne pas louer ses services ; de chercher une autre occupation, etc. Mais l'important, c'est de bien spécifier que dans le contrat de louage, l'ouvrier n'aliène qu'une chose : son travail, et que sa personnalité en dehors de ce service reste tout entière intacte.

Chez les peuples primitifs, dans les maquignonnages des foires, encore dans les marchés de détail, aux halles, on entend vendeurs et acheteurs se dire : — « Faites ça pour moi ! Je vais vous le donner à tel prix, parce que c'est vous. » La personnalité est mêlée à l'acte de vente et au marchandage. Mais ces habitudes disparaissent au fur et à mesure du développement du commerce. Les vendeurs de blé

1 Acollas, *Manuel de Droit civil,* t. II, p. 718.

Yves Guyot

d'Odessa, de San-Francisco ou de Chicago ne connaissent point personnellement leurs acheteurs de Londres, d'Anvers, de Paris ou de Marseille. Ce n'est point la sympathie ou l'antipathie pour tel ou tel qui fixe les cours d'achat et de vente et la Bourse du commerce. Il serait mal venu l'acheteur qui viendrait dire à un vendeur : — Je suis animé des meilleurs sentiments pour vous, je vous regarde d'un air paternel. Par conséquent, ayez de la reconnaissance pour moi et prouvez-le-moi, en me vendant au rabais.

Quand l'employeur et le travailleur se trouvent en présence, il ne faut voir que deux négociants : un vendeur et un acheteur de travail.

Combien vaut le travail ? Combien le vendeur de travail veut-il le vendre ? Combien l'acheteur de travail peut-il l'acheter ?

C'est à dessein que je ne mets pas en présence les deux termes sous lesquels habituellement on pose la question : d'un côté, le capital, de l'autre le travail ; car l'acheteur de travail ne représente pas le capital, il représente la consommation : il s'ingénie a faire un produit dont il n'a pas besoin personnellement et dont il croit que d'autres ont besoin. Ce n'est point avec son capital qu'il paye le salaire de ses ouvriers : ou si le fait se produit, malheur à l'industriel qui en est réduit là, car la faillite l'attend. C'est avec son crédit ou ses rentrées qu'il fait face à ses salaires.

C'est donc une grossière erreur de représenter l'employeur, comme l'incarnation du capital et d'y opposer le travail. Ce n'est point sur son capital que compte l'employeur pour payer ses ouvriers, mais sur la vente de ses produits. Il n'établit point le calcul de ses salaires sur la quotité de son capital, mais sur le prix de vente de sa marchandise. Un employeur n'achète point de travail en raison de sa richesse, mais en raison de la puissance de ses débouchés.

III. — Le contrat de louage de travail est un contrat comme un autre dont l'article 1780 du Code civil pose les vrais principes.

ART. 1780. — On ne peut engager ses services qu'à temps ou pour une entreprise déterminée.

J'ai cru qu'il était nécessaire de donner plus de garanties à ce contrat et j'ai contribué, comme ministre, à faire voter la loi du 27 décembre 1890, qui le complète de la manière suivante :

Le louage de service, fait sans détermination de durée, peut toujours cesser par la volonté d'une des parties contractantes. Néanmoins, la résiliation du contrat par la volonté d'un seul des contractants peut donner lieu à des dommages-intérêts.

Pour la fixation de l'indemnité à allouer, le cas échéant, il est tenu compte des usages, de la nature des services engagés, du temps écoulé, des retenues opérées et des versements effectués en vue d'une pension de retraite et, en général, de toutes les circonstances qui peuvent justifier l'existence et déterminer l'étendue du préjudice causé. Les parties ne peuvent renoncer à l'avance au droit éventuel de demande des dommages-intérêts en vue des dispositions ci-dessus.

Les contestations auxquelles pourra donner lieu l'application des paragraphes précédents, lorsqu'elles seront portées devant les tribunaux civils et devant les cours d'appel, seront instruites comme affaires sommaires et jugées d'urgence.

Cet article donne des garanties à l'ouvrier, à l'employé qu'il ne peut être renvoyé brutalement : mais en même temps, il supprime la grève instantanée à la condition que les employeurs sachent s'en servir et que les tribunaux l'appliquent avec fermeté.

Quand les ouvriers, comme à Roubaix, quittent le travail en refusant de se conformer au délai de 15 jours que comportent les usages de la place ; quanddes mineurs ou des métallurgistes, du jour au lendemain, ne rentrent pas ; quand des employés ayant droit à des retraites, comme ceux des manufactures de l'État quittent le travail ; quand d'autres, après avoir pris certains engagements les rompent, il est indispensable que les employeurs aient recours à l'article 1780 et fassent condamner les grévistes à des dommages-intérêts. C'est ainsi qu'ont agi avec juste raison les verriers du Rhône. Pour assurer le recouvrement de ces dommages, ils peuvent demander un cautionnement à leurs ouvriers. Qu'ils fassent payer ou ne pas payer les dommages-intérêts, c'est une question

Yves Guyot

secondaire : mais le point important, c'est de bien démontrer au travailleur que le contrat de travail n'est pas un vain mot, mais une réalité, et qu'une des parties ne peut le rompre selon ses caprices et sa fantaisie.

Les idées sont encore si peu dégagées que quand des ouvriers se sont mis en grève, en général l'employeur semble considérer que le contrat tient toujours. Il se met à parlementer avec des délégués de « ses » ouvriers : et ils ne le sont plus, du moment qu'ils ont quitté leur atelier ou leur chantier.

L'employeur doit considérer que le contrat de travail est rompu et que tout gréviste ne fait plus partie du personnel de son établissement et poser pour règle qu'il reprendra ou ne reprendra pas, à son choix, les ouvriers qui ont quitté le travail.

La réintégration n'est pas plus un droit pour le gréviste qu'un vendeur ne pourrait forcer un acheteur à prendre une marchandise, qu'il aurait refuser de lui livrer, après l'avoir promise.

Un des inconvénients des « maisons ouvrières, » c'est qu'en présence d'une grève, l'employeur, qui loge ses ouvriers, se trouve dans lat situation suivante : quand ils rompent le contrat de travail, il ne peut les mettre à la porte. Il conserve donc dans ses locaux, chez lui, autour de ses ateliers ou de ses puits, une population qu'il ne peut pas changer et qui empêche les ouvriers étrangers de venir.

IV. Le socialisme patronal a développé l'esprit, le besoin de protection chez les travailleurs et leur aptitude à accepter les théories du collectivisme. En multipliant leurs points de contact, avec l'employeur, il a multiplié les difficultés, les froissements, les mécontentements et les prétextes à mécontentements.

Les patrons qui veulent tout prévoir pour leurs ouvriers les rendent imprévoyants et ingrats : au lieu de développer leurs qualités intellectuelles et morales, ils les atrophient et les corrompent.

Pour moi les règles que doivent suivre les employeurs à l'égard des institutions de prévoyance se réduisent à celles-ci :

1° Sociétés de secours mutuels. Libéralités, soit : mais administration complètement remise aux mains des intéressés.

2° Les accidents, sauf le cas de lourdes fautes, à la charge des employeurs.

3° Livrets individuels de caisses de retraites, pouvant toujours être remis à l'ouvrier, ou sur sa demande ou selon les convenances de l'employeur.

Si l'industriel veut intéresser l'ouvrier à son entreprise, il faut que celui-ci soit toujours au courant de sa situation.

*Toute institution qui a pour résultat d'aliéner l'indépendance réciproque de l'employeur et de l'employé et de rendre indéfini et immuable le contrat de travail est mauvaise.*

## CHAPITRE VI
### Le militarisme, le protectionnisme et le socialisme.

Deux types de civilisation. — Le type militaire. — La conquête de la paresse. — Le doit à l'apathie. — Le protectionniste et le socialiste. — L'un engendre l'autre.

Le développement du socialisme tient à deux causes : le militarisme et le protectionnisme.

Herbert Spencer a montré avec puissance l'antagonisme des deux types de civilisation : la civilisation militaire et la civilisation industrielle.

La civilisation guerrière est fondée sur l'obéissance passive de la masse aux ordres du chef, sur la hiérarchie établie d'autorité et les privilèges attribués à chaque rang social, sur la négation du droit de l'individu.

La civilisation productive est fondée sur l'initiative des citoyens ; elle acquiert son développement par leur travail et leur épargne. Elle a pour force motrice la concurrence.

Les deux civilisation sont contradictoires : et nous essayons le miracle de les faire coexister.

Chaque Allemand, chaque Français, reçoit, en passant à l'armée, l'empreinte du type de l'organisation militaire, bien plus facile à comprendre que les conditions de la liberté. Par besoins d'ordre, d'obéissance, et la recherche du moindre effort, il le transporte dans sa conception de la vie économique. Au fond, ces agités révolutionnaires ont un idéal de couvent ; et ce qu'ils indiquent comme but aux foules qui les suivent, c'est la conquête de la paresse. Ils leur demandent de se donner beaucoup de mal et même de donner des coups et d'en recevoir pour avoir droit à l'apathie : mais n'est-ce pas précisément la vie du sauvage guerrier qui méprise le travail ? et n'avons-nous pas là encore une preuve du côté régressif du programme socialiste ?

D'après les constatations que nous avons faites, le mot socialisme peut être défini : « l'intervention de l'État dans la vie économique du pays. »

— Mais alors, sont-ils socialistes, les hommes qui, au nom de l'intérêt de la propriété foncière, demandent des droits de douanes sur les blés, sur les avoines, sur les chevaux, sur le bétail, les bois, les vins ? Ceux qui, au nom des intérêts de « l'industrie nationale » et « du travail national », demandent des droits de douanes sur les cotons, les soies, les laines, les tissus de tous genres, les fers depuis les rails jusqu'aux plumes, les machines, les produits chimiques, et tous les objets quelconques, dus à l'industrie humaine ?

À cette interrogation, je réponds par l'affirmation la plus nette et la plus positive :

— Oui, vous êtes socialistes, grands et petits propriétaires, qui réclamez des tarifs de douanes, car que demandez-vous ? sinon l'intervention de l'État pour garantir les revenus de votre propriété. Que demandez-vous, industriels et manufacturiers de tous genres, qui réclamez des tarifs de douanes ? sinon l'intervention de l'État pour garantir vos bénéfices. Et que demandent les socialistes ? sinon l'intervention de l'État pour garantir aux ouvriers un maximum de travail, un minimum de salaire ? Et que demandez-vous tous, en définitive ? sinon l'intervention de l'État pour vous protéger tous contre la concurrence, concurrence du progrès du dehors — vous protectionnistes — concurrence de l'activité au dedans, — vous socialistes, à l'aide de quoi ? sinon en faisant peser, pour la fausser, sur la loi de l'offre et de la demande tout l'effort social, au profit arbitraire de telle ou telle catégorie de producteurs ou de travailleurs, et au détriment de l'ensemble des consommateurs et des contribuables qui sont tout le monde.

LIVRE VI : LES RESPONSABILITÉS

La conception des devoirs économiques de l'État est la même pour ce gros propriétaire foncier qui se déclare « conservateur », pour ce grand industriel qui a la haine des socialistes et pour ce socialiste misérable qui lance ses invectives haineuses contre la propriété et l'usine. Ils commettent la même erreur. Ils sont victimes de la même illusion. Ces gens qui se croient ennemis sont des frères en doctrine. De là vient que toute recrudescence du protectionnisme engendre une recrudescence de socialisme. Les socialistes de 1848 étaient les fils directs des censitaires protectionnistes de la Restauration et du gouvernement de Louis-Philippe.

Si des protectionnistes nient cette parenté intime, je place en face d'eux un socialiste qui leur dit :

Vous demandez des droit de douane pour vous garantir des revenus ou des bénéfices. Vous invoquez les intérêts supérieurs de l'agriculture et du travail national. Soit. Vous m'avez même demandé de m'associer à vous pour cette besogne.[1] Mais quelle part m'en donnez-vous, à moi travailleur ? Vous réclamez le secours de « la société », je demande aussi à le partager, et avec d'autant plus de droit que « dans la société » je tiens, du moins au point de vue du nombre, une place plus large que la vôtre.

Devant ce langage, le protectionniste est d'autant plus obligé de rester muet que le socialiste pourrait encore ajouter :

— Pour vous protéger, vous frappez le blé, la viande, les vins, les matières indispensables à mon alimentation. À la douane, les tissus, les objets d'un usage commun, par conséquent le meilleur marché, ceux qui me sont destinés, supportent les droits les plus lourds. C'est donc sur mes besoins, et par conséquent sur mes privations, que vous demandez au gouvernement de garantir vos revenus et vos bénéfices. À mon tour, je me retourne et vous dis : Rendez-moi ce que vous me prenez ; je réclame ma part. Garantissez-moi mon salaire. Limitez mes heures de travail. Supprimez mes concurrents, comme les femmes. Supprimez le travail aux pièces qui peut être une incitation à une trop grande production à trop bon compte. Ceci est pour aujourd'hui ; mais demain il faudra que la propriété et l'usine soient entre mes mains seules. L'État sera le seul producteur, le seul commerçant, et tous les bénéfices seront pour moi.

1 Lettre des grévistes de Lisbonne (*Siècle*, 7 juin 1893).

Yves Guyot

# CONCLUSION

I. Le despotisme et l'anarchie. — Les courtisans du Socialisme. — La ligue d'*Action révolutionnaire*. — La conquête du pouvoir politique. — Anarchie et révolution sociale. — L'utilité des concessions. — M. de Bismarck. — Le congrès socialiste de 1889 et l'empereur d'Allemagne. — Son erreur. — Le socialisme insatiable. — II. La répartition de la population en France et le socialisme. — Les intérêts opposés au socialisme. — La démagogie socialiste et la statistique électorale. — La confiance de MM. Clémenceau et de Mun dans les socialistes. — Le socialisme chrétien. — L'antisémitisme. — Partageux laïques. — « Il faut faire quelque chose.» — D'abord bien gouverner. — Respect de la loi et de l'ordre. — Réformes et Régressions. — La question fiscale. — Règles fiscales. — Non-intervention de l'État dans le contrat d'échange et dans le contrat de travail. — III. Programme républicain, programme d'égalité et de liberté. — La presse et le droit commun. — La liberté de l'excitation au crime. — La faiblesse de la Chambre des députés. — La loi anglaise sur les explosifs. — IV. Les socialistes veulent supprimer la concurrence. — L'Économie politique dépressive. — L'Économie politique expansive. — La concurrence est le grand facteur de l'évolution. — Les forts et les faibles. — L'assistance publique. — La loi de Lamark. — Adaptation au milieu. — Prédominance de l'hérédité chez les socialistes. — V. La politique utilitaire. — Son criterium. — Loi de l'évolution sociale.

I. — Cette étude que nous eussions pu de beaucoup grossir et prolonger, est suffisante cependant pour montrer le caractère rétrograde et tyrannique des conceptions et des pratiques du socialisme. Saint-Simon a dit qu'une société ne pouvait souffrir ni le despotisme ni l'anarchie. Les socialistes nous offrent à la fois les deux.

Des hommes qui ont commencé par être des centre-gauches ; qui, comme ministres, ont eu à réprimer les actes de personnalités dans le genre de MM. Fournière et Albert Goullé, s'associent aux collectivistes révolutionnaires, à la*Ligue d'action* *révolutionnaire,* promettent l'expropriation ou la confiscation des chemins de fer, des mines et laissent entrevoir quelque chose d'approchant pour la « Haute Banque » et la grande propriété ; et pourquoi MM. Goblet, ancien ministre de l'Intérieur et ancien ministre des Affaires étrangères, Millerand, Jaurès, flattent-ils toutes les passions spoliatrices et promettent-ils de mettre la loi à leur discrétion ? Pourquoi ? Pour conquérir le pouvoir politique. Ils commencent, à l'instar du boulangisme, par faire de l'anarchie, avec l'idée que, si elle triomphe, ils en feront sortir un ordre dont ils seraient les maîtres ; et ils oublient, les insensés, dans leur aveugle ambition, que cet ordre s'appelle, dans le langage de leurs amis et de leurs complices, la Révolution sociale !

Ils veulent cependant faire des choix entre les doctrines et les procédés : mais quels choix ? où est leur critérium ? pourquoi s'arrêtent-ils ici ? pourquoi ne vont-ils pas plus loin ? Le collectiviste-révolutionnaire aura toujours, contre eux, l'avantage de la logique et de la netteté, et ne pourra le céder qu'à l'anarchiste.

M. Goblet, dans son alliance avec l'*Action révolutionnaire,* accepte en bloc tous les programmes socialistes ; il ne fait de réserve que sur les moyens d'exécution ; il repousse la violence. Mais il peut y avoir des violences commises dans les formes légales ; et le devoir d'un homme d'État est de prévoir et d'empêcher que jamais la loi ne devienne un instrument d'oppression et de spoliation.

Le congrès de Marseille a très bien déterminé pour les socialistes l'utilité des concessions qu'on peut leur faire : « Elles nous rendent plus forts contre nos adversaires devenant plus faibles. »

L'exemple de M. Bismarck qui persécutait à la fois les socialistes et faisait une législation socialiste n'a servi dans son illogisme qu'à développer le socialisme en Allemagne. L'empereur Guillaume II continue cette politique et est arrivé au même résultat.

Le Congrès Socialiste Internationaliste tenu à Paris les 14-21 juillet 1889, demandait une législation internationale établissant la journée de huit heures, la suppression du travail de nuit, la suppression du travail des femmes, un repos de trente-six heures par semaine, la surveillance des ateliers par des inspecteurs dont la moitié au moins serait élue par des ouvriers. Cette législation protectrice du travail devait devenir l'objet de lois, de traités internationaux. Un député, qui prétend représenter les travailleurs, M. Ferroul a reproduit dans une proposition de loi ces résolutions du congrès : et ce ne fut que pas sans étonnement que, le 4 février 1890, nous vîmes les rescrits de l'Empereur d'Allemagne qui semblait vouloir faire siennes les propositions de M. Ferroul et les résolutions du congrès de Paris, pour « régler la durée et la nature du travail. »

Si l'empereur Guillaume voulait faire siennes les vues des socialistes, il aurait dû appeler au pouvoir MM. Bebel et Liebnecht. Sa tentative socialiste n'aboutit qu'à une déception et à donner plus d'autorité à leur parti qui est obligé d'être toujours dans une opposition, au moins apparente, parce que, de sa nature même, il est insatiable.

En France, les républicains socialistes qui veulent conserver leur autorité sur leurs amis sont obligés de toujours voter contre tout ministère, même composé de leurs amis, chaque fois qu'il fait acte de gouvernement : attitude qui prouve la capacité politique de ce groupe et son impuissance de diriger les affaires du pays !

II. — Si les hommes politiques, qui se croient avisés, consultaient la répartition de la population en France, ils s'apercevraient que les propriétaires cultivant eux-mêmes leur terre sont au nombre de 9 millions ; les petits propriétaires, de 3.500.000 ; les fermiers, les métayers et colons de 5 millions ; les forestiers, les bûcherons de 500.000 ; et que tous ensemble, représentant 50 pour cent de la population productive de la France, ils considèrent comme bien encombrantes et bien tapageuses les revendications des travailleurs qui ne sont qu'une minorité.

Quant à l'industrie, elle compte 9 millions de personnes, sur lesquelles 3.250.000 appartiennent à la grande industrie et plus de 6 millions à la petite, soit plus de 65 pour cent. Or, toutes ces lois, ces dispositions ces règlements, cet empressement tohu bohu, à qui s'adressent-ils ? À une minorité de 35% qui représente la part de la grande industrie.

À entendre M. Clémenceau, Basly, Dumay, on croirait qu'il n'y aurait que des mineurs en France et que tous les travaux parlementaires, toute la politique du parlement devrait leur être subordonnés, et ils sont 90.000 ouvriers du fond ! Les députés qui brouillonnent dans leur zèle démagogique au milieu des lois ouvrières se figurent-ils donc qu'elles conviennent à toute cette petite industrie, où on compte un patron pour deux ouvriers ? Si on fait la part de ceux qui en ont sept ou huit, on voit la quantité de ceux qui n'en ont qu'un. Est-ce que ces petits patrons ne représentent pas la démocratie, le prolétariat d'hier en voie de transformation, les gens qui, ayant de l'initiative, préfèrent à la sécurité et à la tranquillité du salaire, l'alea de l'entreprise et de la clientèle ? Ce sont ces petits patrons que vous frappez avec les lois de police, que vous inquiétez avec les inspecteurs, nouveaux fonctionnaires que vous créez et mettez en mouvement.

Et vous croyez qu'en agissant ainsi, vous faites une manœuvre politique habile ! Elle n'a même pas cette qualité pour excuse.

Le commerce et les transports représentent près de 4 millions de personnes, et cette législation ne peut avoir que deux résultats : déprimer le commerce en déprimant l'industrie et en fermant les débouchés par le haut prix des produits et la restriction de l'esprit d'entreprise.

Quant au personnel des chemins de fer, représentant 550.000 personnes, et à celui de la marine marchande, représentant 250.000 personnes, il peut bien y avoir un certain nombre d'employés qui, après avoir fait beaucoup de démarches pour entrer dans les compagnies, se laissent entraîner par les agitateurs socialistes ; mais au fond, la majorité comprend fort bien que si la vie économique est ralentie, dans ce pays, par les exigences socialistes, la répercussion s'en fera sentir en restreignant le personnel et en diminuant les ressources qui pourraient être employées à sa rémunération.

Sont-ce les personnes appartenant aux professions libérales au nombre de 1.600,000 qui peuvent, si elles réfléchissent, accepter cette législation susceptible de tant de périls, si antipathique aux intérêts généraux de la nation ? Est-ce la force publique, représentant 550.000 personnes parmi lesquelles 120.000 personnes appartenant à la gendarmerie et à la police ? Sont-ce les propriétaires et rentiers, qui représentent plus de 2 millions de personnes, près de 6% de la totalité de la population ?

On veut subordonner toute la législation de la France, toute sa politique aux prétentions d'une minorité qui ne sera jamais

Yves Guyot

satisfaite. Les hommes publics qui se mettent à la tête ou plutôt à la remorque de ce mouvement, les courtisans de la démagogie socialiste ont le plus profond dédain de l'économie politique et de la statistique. On le voit bien : car ils prouvent qu'ils ne connaissent même pas la statistique électorale, la seule qui leur importe. M. Clémenceau s'est beaucoup occupé des mines, au moins à la tribune : et cependant ce n'est ni à Valenciennes, ni à Béthune, ni à Saint-Étienne qu'il est allé chercher un collège électoral : mais dans un arrondissement qui ne compte point de grande industrie, un arrondissement de petits propriétaires et de petits cultivateurs, Draguignan.

Nous constatons la même absence de confiance au point de vue électoral, dans les agglomérations des ouvriers des mines et de la grande industrie, pour qui il prononce tant de phrases, de la part de M. de Mun. Il fait à leur usage de la démagogie, leur promet des paradis terrestres par dessus le paradis céleste, interprète, dans le sens des ascètes, qui n'ont jamais eu la prétention d'être des économistes, certains versets de l'Évangile, ne voit dans l'Encyclique du Pape *Rerum novarum* que le côté qui convient à sa thèse, en laissant dans l'ombre toutes les restrictions qui en sont la contrepartie, mais c'est à la crédulité des paysans du Morbihan, qu'il va demander de l'envoyer à la Chambre des députés. Je me suis expliqué ailleurs sur le socialisme chrétien. Je n'y reviens pas.[1]

Bien plus par jalousie de luxe, de salon, de théâtre, que par haine de religion ou de race ; par esprit de revanche de la fortune territoriale contre la fortune acquise par le commerce et par la Banque, l'aristocratie catholique, et, par esprit de concurrence, l'aristocratie protestante ont engagé en France la campagne antisémitique, mais elle n'est devenue populaire que parce qu'aux diffamations qui en ont fait le condiment malsain, sont venus s'ajouter la haine du riche, l'envie de celui qui a échoué contre celui qui a réussi, l'esprit de spoliation. Les sectaires de M. Drumont sont des partageux laïques.

III. — Mais il y a des personnes fort désintéressées et fort bien intentionnées qui disent : — « Il faut bien faire quelque chose. » Je <u>leur répondrai q</u>ue d'abord il ne faut pas faire de bêtises.

1 Études sur les doctrines sociales du christianisme. Nouvelle édition, 1893.

C'est là le premier point, et on y manque avec cette législation empressée, affairée qui cherche « à donner des satisfactions » et à qui ? à des intéressés qui, le plus souvent, n'en veulent pas, dont elle trouble les conditions d'existence et qu'elle risque de priver de travail et de salaires en portant la plus grave atteinte à la vie économique de notre pays. Telle loi peut être autrement grave qu'une émeute et une insurrection passagères. Nous en commençons l'expérience avec la recrudescence du protectionnisme.

Mais il y a beaucoup à faire, en dehors « des lois ouvrières. » Il y a d'abord à bien gouverner et à bien administrer, à maintenir le respect de la loi et l'ordre, à défendre l'avenir contre les passions et les préjugés du moment, les intérêts généraux contre la pression des intérêts particuliers. Un gouvernement qui fait cela pourra ne pas être considéré comme extraordinaire, et cependant il aura fait la plus utile, la plus efficace et peut-être la plus difficile des besognes, sous son apparence normale.

Quant aux réformes, il s'agit de choisir et de ne pas prendre des régressions pour des progrès. Certes, elles se présentent nombreuses, car nous avons à faire un grand élagage dans notre législation, suivant en cela la formule de Buckle : « Les grandes réformes ont moins consisté à faire du neuf, qu'à démolir du vieux. » Les années qui viennent nous préparent de la besogne, car nous aurons à émonder non seulement des lois anciennes, mais des lois récentes.

C'est sur un budget qui demande plus de 3 milliards aux contribuables que peut se porter toute l'activité du législateur au point de vue de l'intervention économique de l'État ; la besogne est lourde et laborieuse pour ceux qui tentent de ramener notre système fiscal à un certain nombre de principes comme ceux-ci : l'impôt ne doit être payé qu'à l'État ; il ne doit avoir d'autre objet que de fournir des ressources aux services généraux de l'État ; il ne doit jamais être un instrument de spoliation ni de confiscation ; il doit être proportionnel ; il doit être réel, établi sur la chose, et non personnel. Il ne doit pas frapper la circulation. Il doit être établi sur la richesse acquise et non sur le travail, le commerce, l'industrie, la richesse en formation.

Les contributions indirectes manquent à toutes ces conditions, et dans une large part, ce sont des impôts progressifs à rebours. Les gens, ayant une fortune acquise, devraient prendre eux-mêmes l'initiative de rétablir la proportionnalité dans l'impôt. Les sacrifices qu'ils feraient leur donneraient de l'autorité pour résister aux appétits spoliateurs. Ceux-là peuvent parler de justice avec d'autant plus d'autorité qu'ils ont montré qu'ils savent la pratiquer.

Parmi les tâches qui incomberont à l'avenir de demain ce ne sera pas une besogne aisée que d'arriver à la non-intervention de l'État dans le contrat d'échange et dans le contrat de travail : car elle est maintenue, merveilleux illogisme, par la coalition d'adversaires farouches.

Qu'importe ? À tout homme politique qui n'est pas à courte vue, qui ne fait pas de la politique au jour le jour, qui met les intérêts généraux du pays au-dessus de ses convenances personnelles et de son ambition, il importe de maintenir avec fermeté le principe de la liberté individuelle contre le socialisme d'État et contre les prétentions des syndicats.

IV. — Nous devons nous rappeler, nous républicains, que notre programme était un programme de liberté et d'égalité. Le parti républicain y a manqué quand, au lieu de mettre la presse sous le régime du droit commun, il lui a donné les privilèges de la loi de 1881, privilèges dont il a été le premier atteint par les calomnies et les diffamations, les excitations au meurtre, au pillage, et autres crimes qu'ils ont permis.

Les articles 23 et 24 de la loi de 1881 punissent les provocations au meurtre, au pillage, à l'incendie : mais l'individu qui s'y est livré ne peut être arrêté préventivement : bien plus, il ne peut être arrêté que lorsque la condamnation est devenue définitive ; par des artifices de procédure, il peut la suspendre pendant neuf mois environ : et pendant ce temps, il peut continuer ses délits, les multiplier, accumuler impunément les condamnations sur sa tête. Il lui suffit de passer la frontière la veille du jour où la première condamnation deviendrait définitive pour échapper à toute responsabilité de ses paroles et de ses actes. M Loubet, au mois d'octobre, déposa un projet de loi pour mettre fin à cet état de choses. Seulement il eut la faiblesse de laisser passer un amendement de M. Jullien qui le détruisait. Le Sénat le supprima.

LIVRE VI : LES RESPONSABILITÉS

La discussion est revenue le 4 mai devant la Chambre, et M. Jullien a fait passer, par 272 voix contre 234, un autre amendement qui permet seulement à la cour de prononcer l'exécution provisoire. Le Sénat attend la prochaine législature pour reprendre le dialogue, et, en attendant, les anarchistes et leurs émulespourront continuer de célébrer les hauts faits de la dynamite.

> Dame dynamite,
> Que l'on danse vite,
> Dansons et chantons,
> Dynamitons !

L'Angleterre ne fit point tant de façons après les explosions de dynamite qui eurent lieu chez elle. Elle adopta en 1883 une loi très étudiée, dont voici les quatre dispositions principales :

« 1° Toute personne provoquant une explosion de nature à provoquer des meurtres ou des dommages sérieux à la propriété, sera condamnée à la servitude pénale à perpétuité ;

« 2° Toute personne faisant un acte de nature à provoquer cette explosion ou fabriquant ou conservant une substance explosive pour cet objet, sera condamnée à vingt ans de servitude pénale ;

« 3° Toute personne fabriquant ou conservant une substance explosive dans des circonstances suspectes et incapable de justifier l'innocence de ses projets pourra être condamnée à quatorze ans de servitude pénale ;

« 4° Les complices du crime peuvent être punis comme les autres principaux. »

Enfin pour compléter ces dispositions qui arment le gouvernement de tous les pouvoir désirables contre les partisans de l'emploi des substances explosibles comme moyen révolutionnaire, les derniers articles de l'Act de 1883 donnent les pouvoirs les plus étendus à la magistrature, au point de vue de l'instruction criminelle.

Yves Guyot

V. — Mais que demandent les socialistes ? la suppression de la concurrence, c'est-à-dire l'étiolement.

Leur idéal, non seulement dans l'État futur qu'ils se gardent avec prudence de décrire, comme l'a reconnu Liebnecht au congrès d'Erfurt, mais de leur législation transactionnelle, c'est l'économie politique dépressive : fondée sur l'envie, la jalousie et la contrainte, la mendicité violente de privilèges, le fractionnement de la nation en classes, acharnée à s'arracher des lambeaux de fortune à l'aide du pouvoir la politique n'étant considérée que comme un instrument de spoliation ; sur le mépris de l'individu et sa sujétion à des combinaisons de groupes despotiques et irresponsables.

Nous représentons, au contraire, l'économie politique expansive qui considère que, dans les rapports sociaux comme dans toute la vie organique, la concurrence est le grand facteur de l'évolution.

Cet idéal de médiocrité, au lieu d'un idéal de développement, ils le poursuivent quand ils veulent imposer des tarifs uniformes de salaires et ils arrivent à ce résultat : les ouvriers les plus forts et les plus habiles ne gagnent pas ce qu'ils devraient gagner. Ils portent sur le dos l'ouvrier faible. Et en même temps, celui-ci ne reçoit même pas d'avantages et cette situation : car il ne trouve pas d'ouvrage.

C'est très bien de parler, avec des airs confits, de la protection que les forts doivent aux faibles. Mais pour que cette protection soit efficace, il faut que les forts commencent par être forts. Toute combinaison ayant pour résultat de sacrifier le fort au faible est un arrêt de développement de l'humanité.

Et puis, qui sont les faibles ? À quels signes les reconnaît-on ? Allez-vous donner un privilège à la paresse, à l'apathie pour exploiter ceux qui acceptent vaillamment de porter eux-mêmes les charges de la vie au lieu de les passer au voisin ? Mais ces faibles, dont ces bonnes âmes prennent tant de souci, si on les entretient, on les condamne à rester dans leur cachexie.

Rappelons-nous bien la loi exprimée dans ces termes par Lamarck : « Le développement des organes et leur puissance active sont constamment en raison de l'emploi de ces organes. » Qu'il y ait des crises et des difficultés dans la vie sociale, nous ne devons pas nous en effrayer. Nos besoins changent, et ils précèdent toujours la

LIVRE VI : LES RESPONSABILITÉS

formation définitive de l'organe. Comme l'a fait remarquer Darwin, tout organe est la transformation d'autres organes antérieurs préexistant chez les formes ancestrales dans un état différent et pour des fonctions différentes. Au point de vue sociologique le problème est le même qu'au point de vue biologique : l'adaptation aux nouvelles fonctions est toujours difficile et reste incomplète. Il s'agit de la rendre aussi facile, aussi peu douloureuse et aussi parfaite que possible. Il s'agit surtout d'empêcher les régressions qui ne sont que la prédominance de l'hérédité sur l'adaptation au milieu ; et comme le mouvement socialiste n'est que l'expression de vielles formes de sociétés, de vieilles idées, de vieux sophismes, de survivances de fétichismes, un essai de subordination du progrès industriel et économique à des modalités de civilisation primitives, nous devons nous y opposer, au nom du progrès : car les prétendus « avancés », qui le dirigent, ramèneraient l'organisme social avec ses éléments complexes, de plus en plus adaptés à la division du travail, au collectivisme primitif. L'homme se transformant en méduse ! voilà leur idéal.

En France maintenant, chacun est débarrassé de toutes les vieilles questions de politique dynastique. Nous ne devons plus avoir qu'une seule politique, la politique utilitaire, en disant avec Bentham que « les intérêts individuels sont les seuls intérêts réels.[1] »

Quel critérium avons-nous pour constater que telle mesure est utile ou nuisible ? est-ce « le bonheur du plus grand nombre » formule empruntée à Helvétius par Priestley ?

Mais certains protectionnistes, de la meilleure foi du monde, vous déclarent qu'ils l'appliquent. En France, la population agricole ne représente-t-elle pas 19 millions d'invividus ? Ils la protègent : donc ils protègent le plus grand nombre. Que veut l'ouvrier ? du travail ! Donc, il faut protéger le travail national pour assurer son bonheur : et le socialiste ajoutera que le but de toute la législation qu'il demande est de le préserver contre le surtravail, de veiller à sa santé, à sa sécurité, à son bien-être, et il répétera avec Platon : « Qu'importe la contrainte pourvu qu'on rende les hommes plus heureux ? »

Pour nous, voici les quatre règles qui doivent servir à déterminer l'utilité de telle ou telle mesure.

1 *Traité de législation*, t. 1, p. 229.

Yves Guyot

Si nous remontons aux civilisations primitives, nous trouvons l'exploitation féroce du plus faible par le plus fort, de la femme par l'homme, du vaincu qui devient l'aliment ou l'esclave du vainqueur : et l'homme qui abuse ainsi de sa force à l'égard de son semblable est réduit à l'impuissance la plus misérable à l'égard du milieu dans lequel il vit, ne serait-ce que contre les intempéries atmosphériques.

Allons plus loin. À quels signes reconnaissez-vous que la civilisation actuelle est supérieure à la civilisation romaine ? Les vainqueurs du monde n'avaient pas même de moulins à vent et ils poussaient l'exploitation du vaincu jusqu'aux sanglantes saturnales du Cirque. Chef de clan, chef de tribu, despote grec, César romain, tous représentent sur les membres de la famille, de la cité, de la nation, la domination la plus écrasante.

Par ces faits, pouvons constater cette première loi sociologique :

1° *Le progrès est en raison inverse de l'action coercitive de l'homme sur l'homme est en raison directe de l'action de l'homme sur les choses.*

Et comment reconnaissons-nous que ce progrès s'accomplit ? Summer Maine l'a dit : « Par la substitution des contrats aux arrangements d'autorité », de manière que l'action collective, incarnée dans un homme ou dans un groupe, l'action de l'État, en un mot, soit remplacée dans la vie sociale par l'action individuelle, les conventions personnelles ; et alors l'État a pour principal rôle de garantir contre la fraude, contre le dol, contre les accidents indépendants des parties, l'exécution des contrats.

Mais, pourquoi ces contrats ? Quelle en est l'origine ? L'activité intellectuelle et productive de l'homme, son initiative et son besoin d'échanger les utilités en sa possession contre des utilités possédées par d'autres. Et alors, si le remplacement des règles sacerdotales ou sociales par les contrats est une preuve indéniable de progrès, ne sommes-nous pas en droit de dire :

2° *Est nuisible toute institution (ou mesure*

*législative gouvernementale, fiscale ou administrative) qui a pour objet de restreindre l'activité intellectuelle ou productive de l'homme.*

À l'heure actuelle, nous pouvons ranger dans cette catégories les lois restrictives sur les sociétés commerciales, sur le contrat de travail ou le contrat d'échange. Et, ici, nous touchons du doigt l'erreur des protectionnistes et des socialistes, tous partisans de l'intervention de l'État dans les rapports économiques, les premiers pour assurer des monopoles, pour garantir des bénéfices à des usiniers ou des manufacturiers, des revenus à des propriétaires, en les préservant tous des progrès du dehors, les autres pour défendre les indolents, les paresseux, les maladroits contre la compétition des plus actifs et des plus habiles.

Le propriétaire, le manufacturier, l'usinier qui a obtenu une protection croit avoir remporté une grande victoire. Au lieu de s'occuper de perfectionner ses moyens de production, il ne pense qu'à provoquer l'intervention des pouvoirs publics pour défendre et augmenter encore la protection « dont il jouit », mais à l'ombre de cette protection, il s'endort. C'est son mancenillier : et il en mourra, si on ne l'en arrache.

Cet ouvrier, au lieu d'avoir pour idéal de devenir capitaliste à son tour ou de faire de son fils un capitaliste par le travail, par la multiplication de l'effort, demande protection : huit heures de travail, un minimum de salaire, le monopole de certains professions, la restriction du nombre des apprentis.

Il se fige, lui et ses enfants, dans une caste. Il prend la résignation pour but : travailler le moins possible, gagner un salaire « avantageux », mais forcément restreint. Il brise lui-même le ressort de toute activité, et nous en avons un exemple dans les mines du Pas-de-Calais et du Nord où on ne trouve plus de porions. Par peur de l'initiative et de la responsabilité, l'ouvrier préfère rester dans le rang des camarades.

Les socialistes répètent volontiers, comme un cliché, une formule de M. Victor Modeste : « Les pauvres deviennent plus pauvres. » Mais comment M. Victor Modeste l'avait-il établie ? En constatant sur les registres de l'Assistance publique que c'étaient toujours

Yves Guyot

les mêmes familles qui s'y trouvaient. Certes voilà un argument décisif contre le socialisme : car il prouve que les secours donnés à ces gens, au lieu de les aider à se développer et à s'élever dans la vie, en avaient fait une corporation de mendiants ; et il en sera de même de toute mesure qui, en ayant pour objet d'atténuer ou de supprimer la lutte pour l'existence, diminuera l'effort de l'homme.

Par analogie, la biologie nous montre que toute espèce végétale ou animale protégée contre la concurrence, contre les difficultés de l'existence, est condamnée à s'étioler et à périr. Darwin a constaté dans les îles de l'Océanie combien la flore et la faune étaient pauvres et limitées : et pourquoi ? Parce qu'elles sont isolées, c'est-à-dire protégées. Ce n'est que par l'effort que les organismes, qu'il s'agisse des plantes, des animaux ou des hommes, peuvent se développer : et l'expérience universelle des choses et des siècles nous permet de dire :

3° *Est pernicieux toute institution qui a pour objet de protéger un individu ou un groupe contre une concurrence : car elle a pour résultats l'apathie et l'étiolement des intéressés.*

Par contre, toute action sociale, collective, qui a pour but de développer la valeur et la puissance de l'individu, et qui l'atteint, a un caractère de progrès et doit être approuvée. Telles sont, par exemple, les lois scolaires dues à la République. Elles mettent en valeur des intelligences qui, autrement, seraient restées en friche. Elles préparent l'homme à une action plus effective sur le milieu dans lequel il est appelé à vivre. Elles doivent l'agrandir, développer sa puissance d'initiative, son aptitude à la décision personnelle et nous ajoutons cette dernière conclusion :

4° *Est utile toute institution qui a pour objet de développer les aptitudes de l'individu à la lutte pour l'existence et sa faculté d'action sur le milieu dans lequel il doit vivre*

En réalité, entre les prétentions des socialistes et leur caractère réel, il y a contradiction complète, à commencer par leur titre

LIVRE VI : LES RESPONSABILITÉS

même ; car, comme nous venons de le démontrer, ce sont des antisociaux. Ils se prétendent égalitaires, et ils emploient tous leurs efforts à constituer des inégalités. Ils réclament la liberté pour eux, mais dans le but d'opprimer les autres et eux-mêmes réciproquement. Ils se prétendent « avancés », et les procédés qu'ils proposent aboutissent à frapper d'arrêt de développement ceux à qui ils s'appliquent ; et l'idéal qu'ils nous offrent c'est la régression vers des civilisations passées.

ISBN : 978-1533163059

Yves Guyot

www.ingramcontent.com/pod-product-compliance
Lightning Source LLC
Chambersburg PA
CBHW062003280526
45787CB00005B/1973